Pinl / Sass
Rund Schulfregatte „Scheer"

Umschlag

Photo der Schulfregatte „Scheer" nach ihrem Umbau 1962

Rund um die Schulfregatte „Scheer"

Erlebnisse der Bordcrew

Herausgegeben von
Harald Pinl & Heinz-Werner Sass

Altencelle / Hänigsen
2024

Herstellung und Verlag:
BoD – Books on Demand, Norderstedt

ISBN: 9783759767219

Inhalt

Vorwort

Nach der Außerdienststellung der Schulfregatte „Scheer" im Jahr 1967 bildete sich eine Bordkameradschaft, die bis heute zusammenhält. Das ehemalige Bordleben lebte auch in einer eigenen Homepage fort, die von Heinz-Werner Sass als Webmaster gepflegt wurde. Nach der Neuauflage der „Chronik der Schulfregatte Scheer" in Taschenbuchformat durch Oswald Jungdäubl und Harald Pinl 2021, tauchte der Gedanke auf, als ergänzende Beiträge zur Chronik, auch die Erinnerungen und Berichte der Bordcrew, wie sie im Internet-Auftritt der Bordkameradschaft erschienen waren, in einer eigenen Sammelschrift herauszubringen. Dies soll hiermit geschehen.

Gesammelt wurden Beiträge und Bilder von ehemaligen Bordangehörigen aus ihrer Zeit an Bord der „Scheer". Der Name „Scheer" hat in letzter Zeit die Frage aufgeworfen, ob er noch in die Tradition der Bundeswehr passt. Hierüber wurde ausführlich in der Marine und der Öffentlichkeit mit Konsequenzen diskutiert und die Diskussion soll hier nicht neu angestoßen oder wiedergegeben werden. Zwar wird kurz auf die Namensgebung für Schiffe in der Bundesmarine und die Person Reinhard Scheer eingegangen, aber den Kern dieser Schrift bildet die Dokumentation der in den Jahren 1959 bis 1967 von Bordangehörigen erlebten Ereignisse und wie sie von diesen als persönliche Erlebnisse wahrgenommen wurden. Dies wird als dokumentarischer Beitrag zur Geschichte der Schulschiffe in den Anfangsjahren der Bundesmarine gesehen.

Altencelle / Hänigsen, im Juli 2024   Die Herausgeber

Zur Namensgebung
von Schiffen der Bundesmarine

Schauen wir uns die Namen der Schiffe der Bundesmarine in ihren ersten Jahren an, so wurde durchaus an die Schiffsnamen der Vormarinen angeschlossen, ausgenommen solcher, die einen eindeutigen Bezug zum NS-Regime hatten, wie z.B. das Segelschulschiff „Leo Schlageter".

Nehmen wir zum Beispiel die Schnellboote der Bundesmarine. Bei ihnen finden wir bei der Klasse 149 Namen wie Silbermöwe, Eismöwe oder Seeschwalbe, also die Namen von Seevögeln. Die Seeadler-Klasse 141 erweitert dieses Spektrum mit Namen wie Falke, Habicht oder Sperber auf Raubvögel an Land. Dagegen wurden bei der Jaguar-Klasse 140 außer Vögeln wie Storch, Elster oder Reiher auch Raubtiernamen wie Leopard, Löwe, Tiger oder Panther gewählt. In den nachfolgenden Klassen wurden diese und ähnliche Namen wieder verwendet, die bereits in der Kaiserlichen Marine bei Kanonenbooten, wie der Habicht-Klasse, oder bei Kleinen Kreuzern, wie der Bussard-Klasse, vergeben worden waren.

Bei den Schulfregatten zeigt sich eine „gemischte" Tradition der Namensvergabe. Bei dem sogenannten „Insektengeschwader" für die Kadettenausbildung, das aus den fünf ehemaligen Hochseeminensuchbooten „Biene", „Bremse", „Brummer", „Hummel" und „Wespe" bestand, gibt es Namensvorläufer bei den Panzerkanonenbooten der Brummer- und Wespenklasse der Kaiserlichen Marine. Die folgenden Schulfregatten trugen Namen von Personen:

F 212 Gneisenau – Artillerieschulschiff, 1958 – 1966
F 213 Scharnhorst – Artillerieschulschiff, 1959 – 1968
F 214 Hipper – Kadettenausbildung, 1959 – 1964
F 215 Graf Spee – Kadettenausbildung, 1959 – 1964

F 216 Scheer – Ortungsschulschiff, i.D. 1959 – 1967
F 217 Raule – U-Jagdschulschiff/Kadettenausbildung, 1958 - 1967
F 218 Brommy – Unterwasserwaffen-Schulschiff, 1959 – 1965

Die Namen von fünf der sieben Schulfregatten der „Sammelklasse 138" wurden also schon in der Kaiserlichen Marine verwendet. „Gneisenau", „Graf Spee" und „Scharnhorst" hießen Große Kreuzer, Minensuchboote trugen die Namen „Brommy" und „Raule". Dagegen treten die Namen „Hipper" und „Scheer" erst in der Kriegsmarine als Schlacht- und Panzerschiffsnamen auf, um an die beiden Chefs der Hochseeflotte im I. Weltkrieg zu erinnern.

Warum wurde in der Bundesmarine die Tradition der Schiffsnamen gerade mit diesen Männern fortgeführt? Lässt sich den tradierten Namen eine gewisse „Vorbildfunktion" im Rahmen der Erziehung von Marinesoldaten zuschreiben?

Admiral Karl Rudolf Brommy war von 1848-1853 Chef der Bundesflotte des Deutschen Bundes im Paulskirchen-Parlament. Er hatte in ausländischen Marinen, der amerikanischen und der griechischen gedient, war ein erfahrener Seemann und auch Theoretiker. 1848 veröffentlichte er in Berlin ein Standardwerk zum Seewesen unter dem Titel „Die Marine – Eine gemeinfassliche Darstellung des gesamten Seewesens", das noch 2021 in einer von Thomas Rohwer herausgegebenen Neuauflage erschien. 1849 führte er im Seegefecht vor Helgoland auf dem Flaggschiff, der Raddampferfregatte „Barbarossa", den Kampf gegen dänische Kriegsschiffe, um der Blockade deutscher Häfen zu begegnen.

Ganz anders Benjamin Raule (1634 – 1707), der als flämischer Seereder in Diensten Brandenburgs als Generaldirektor der Marine Kaperfahrten für Brandenburg unternehmen ließ. Er unterstützte den „Großen Kurfürsten" in der Ausweitung des Seehandels und dem Aufbau einer Marine, u.a. ließ er eine eigene brandenburgische Werft aufbauen.

Die Admirale Ritter von Hipper, Scheer und Graf von Spee sind als Flottenführer im I. Weltkrieg bekannt, Scheer vor allem durch die Skagerrak-Schlacht. Mit Gneisenau und Scharnhorst sind die preußischen Heeresreformen und ihr militärisches Führertum in den Befreiungskriegen 1811 bis 1815 verbunden. So sind diese Männer, mit Ausnahme von Raule, nicht nur in der Kriegskunst oder Seekriegskunst bedeutend gewesen, sondern auch als erfolgreiche militärische Erzieher, jedenfalls nach Auffassung ihrer Zeitgenossen. Dies mag dazu geführt haben, sie auch in der Erinnerung der jungen Bundesmarine zu halten.

Mit der Ausmusterung der Schulfregatten zwischen 1964 und 1967 sind aber alle diese Namen verschwunden. Die Bundesmarine hat sich davon gelöst, die Namen von Personen als traditionsbildende Schiffsnamen zu verwenden und hat künftig als Leitlinie die Verbindung zu Bundesländern und Städten des eigenen Landes betont. Dies hat auch den Vorteil, dass Patenschaften mit den jeweiligen Landesregierungen und Kommunen entstanden sind, die den Besatzungsangehörigen die Gelegenheit geben, auch im Binnenland die Marine zu repräsentieren und auf sie aufmerksam zu machen. Die Patenschaften tragen dazu bei, die Marine in das Bewusstsein von Politik und Gesellschaft zu rücken..

Der Namensgeber :
Admiral Reinhard Scheer

Wie Tirpitz beklagte auch Scheer, dass in den ersten beiden Weltkriegsjahren die Hochseeflotte geschont werden sollte und nur vereinzelt Vorstöße gegen die englische Küste und Flotte in der

Nordsee unternommen wurden. Auf eine mit Risiken verbundene Angriffsstrategie der Hochseeflotte wurde aber seitens des Kaisers und des Admiralstabes verzichtet. Dagegen war Scheer mit der Verwendung des Ubootes zum Handelskrieg durchaus einverstanden, da er darin ein neues Gebiet für die Seekriegsführung mit ausschlaggebender Bedeutung für den Kriegsausgang sah. (Vgl. Scheer, Erinnerungen, nach Koerner, Peter: Der Krieg zur See, S.87-88)

„Scheer meinte allerdings eine positive Entwicklung. In Wirklichkeit war der U-Boot-Handelskrieg mitentscheidend für den Kriegseintritt der USA und leitete eine negative Entwicklung der Kriegführung für Deutschland ein." (Koerner, S. 88)

Scheer konnte seine Vorstellungen erst als Chef der Hochseeflotte in der Skagerrak-Schlacht 1916 verwirklichen, was ihm den Ruhm als geschickter Seekriegstaktiker einbrachte.

Unrühmlich dagegen ist seine Zustimmung als Chef des Admiralstabes im Oktober 1918, die Hochseeflotte zu einem letzten Gefecht gegen die Grand Fleet einsetzen zu wollen, um die Ehre zu retten, obwohl der Krieg verloren war und der Einsatz nur unnötig Menschenleben gekostet hätte, um einem überkommenen Prestige- und Ehrdenken der Seekriegsleitung nachzukommen.
„Die Flotte, die seit der Schlacht im Skagerrak Ende Mai 1916 nicht mehr zum militärischen Einsatz gekommen war, sollte sich nach dem Willen der Seekriegsleitung aus Gründen ihrer ‚Ehre' nochmals in die Annalen des Weltkriegs einschreiben und England in letzter Stunde empfindliche Verluste zufügen. Schwere eigene Opfer wurden dabei ebenso in Kauf genommen wie der Konflikt mit der Reichsleitung und der sie tragenden Reichstagsmehrheit." (Winkler: Langer Weg, S. 367)

Noch während der deutsch-amerikanischen Verhandlungen im Oktober 1918 über einen Waffenstillstand, wurde die Flotte für einen Angriff auf die englische Flotte vorbereitet und wurde dazu Ende Oktober auf Schillig-Reede versammelt. Der Befehl der Seekriegsleitung lautete: *„Hochseestreitkräfte sollen zum Angriff und Schlagen gegen englische Flotte angesetzt werden"* Der Flottenchef Admiral von Hipper plante den Angriff vor allem gegen den Englischen Kanal zu richten, dem Scheer, seit Juni 1918 Chef des Admiralstabes, zustimmte. (Koerner, S. 119)

Der zu späte Einsatz der Hochseeflotte wird von dem Historiker Heinrich August Winkler als eine Herausforderung des parlamentarischen Systems beurteilt und sogar als „Militärputsch" beurteilt: *„Die Seekriegsleitung trieb Politik auf eigene Faust, und das auf eine Weise, die es rechtfertigt, von einem Putschversuch zu sprechen."* (Winkler: Langer Weg, S. 367)

„Die Flottenführer hatten jedoch die Rechnung ohne die Antwort Wilsons, der am 24. Oktober die völlige Kapitulation verlangte, und die Kriegsmüdigkeit der Matrosen gemacht. Die Zeit der Begeisterung und Kriegslust des Jahres 1914 war endgültig vorbei, die Ereignisse in Russland im Jahre 1917 und das Auseinanderfallen der monarchistischen Regierungssysteme in Mitteleuropa hatte ein völlig verändertes Weltbild geschaffen. Niemand unter den Matrosen und Soldaten wollte mehr, wie noch bei Coronel, Falkland und am Skagerrak, mit wehender Kriegsflagge untergehen und sich für eine Führung opfern, die offenkundig abgewirtschaftet hatte. Für die führenden Militärs, welche die Situation größtenteils nicht erfassten, waren die Meutereien in Wilhelmshaven und Kiel, die sich dann auf ganz Deutschland ausdehnten, auf ‚bolschewistische Bewegungen‘, wie Admiral Scheer schrieb, zurückzuführen." (Koerner, S. 119-120)

In Offizierskreisen wurde davon geredet, lieber ruhmvoll unterzugehen, in Ehre zu sterben, als in Schande zu leben. Diesen „Ruhm" und diese „Ehre" hätte man aber schon die Jahre zuvor haben können und nicht erst im Oktober 1918. Der ehemalige Ministerpräsident Schleswig-Holsteins, Björn Engholm, urteilte über dieses Verhalten:

„Zigtausend Leute bewusst in den Tod zu schicken, nur um hinterher sagen zu können, wir haben unsere Ehre gerettet, wenn auch untergegangen. Dies ist das Unmenschlichste, was sich ein Mensch vorstellen kann."

(Fernsehdokumentationsfilm auf TV arte: „1918 – Aufstand der Matrosen", u.a. gesendet am 11.11.2021)

„Als am 27.10.1918 die ‚Todesfahrt' der Hochseeflotte gegen die britische Flotte beginnen sollte, um die Waffenstillstandsverhandlungen zu torpedieren, durchkreuzten revolutionäre Heizer und Matrosen den Plan der Marineführung. […] Der Widerstand der Matrosen und Heizer fiel mit der Herausbildung einer revolutionären Krise in Deutschland zusammen. Unverkennbar war der Einfluss der Bremer Linken und der Spartakusgruppe, deren Flugblätter in der Flotte kursierten." (Wörterbuch zdMG, S. 830)

Nach der Meuterei in der Hochseeflotte Ende Oktober 1918 meinte Scheer noch durch taktierende Maßnahmen, wie das Aufteilen der Flotte und ihre Stationierung in verschiedenen Stützpunkten die Disziplin in den Griff zu bekommen. Doch wieder wurde das Gegenteil erreicht. Vor allem die nach Kiel beorderten Schiffe trugen dazu bei, dass sich die aufständischen Matrosen in Kiel zunächst mit den Werftarbeitern solidarisierten und dann durch ihre Beurlaubung in ihre Heimatorte dazu beitrugen, dass sich der Aufstand landesweit zur Novemberrevolution entwickelte.

Ein ganz anderer Aspekt, der gegen einen Opfergang der Flotte in letzter Minute spricht, ist die seit dem Mittelalter in das europäische und militärische Denken eingeflossene Auffassung von Ritterlichkeit. Ein Ritter streicht seine Waffen, wenn er einsieht, dass ein Kampf verloren ist. Er setzt nicht unnötig fremdes oder sein eigenes Leben aufs Spiel, wenn der Kampf aussichtslos ist. In diesem Sinne verhielt sich Scheer wenig ritterlich.

Zusammengefasst erscheint uns Reinhard Scheer als ein brillanter Taktiker und Operateur der Seekriegskunst, dem aber der strategische Erfolg versagt blieb. Sein politisches Denken war jedoch vollständig im Zeitgeist einer militärischen Kaste gefangen und bewirkte das Gegenteil von dem, was gewollt war. Der Chef des Admiralstabes verkannte als militärischer Führer die politische Landschaft im Kaiserreich und die sich zuspitzende politische Lage. Allerdings stand Scheer nicht allein, sondern fand sich in Gesellschaft anderer führender Militärs seiner Zeit, wie Tirpitz oder Ludendorff, die auch weiterhin das monarchische System aufrecht erhalten wollten.

Die Umbenennungen der Marine in Kiel

Das Presse- und Informationszentrum Marine (PIZ Marine) meldete am 1. Oktober 2021, dass die größte Liegenschaft der Marine in Schleswig-Holstein seit diesem Tag offiziell umbenannt wurde. „Tirpitz" und „Scheer" waren nicht mehr traditions- und zeitgemäß.

Die Kieler Marinebasis heißt jetzt offiziell „Marinestützpunkt Kiel-Wik", und ihr Hafen nicht mehr „Tirpitzhafen". Die dort stationierten Soldatinnen und Soldaten waren zuvor – übereinstimmend mit dem neuen Traditionserlass der Bundeswehr – zur Überzeugung gelangt, dass insbesondere die Namen zweier Admirale der Kaiserlichen Marine nicht mehr zeitgemäß und traditions-beziehungsweise identitätsstiftend sind.

Nach einer internen Beratschlagung hatten Marineangehörige in Kiel einen neuen Namen für den Marinehafen und dessen zugehörige Kasernenanlage vorgeschlagen. Der Inspekteur der Marine hatte die Vorschläge aufgegriffen und nach Zustimmung der Verteidigungsministerin die Umbennung angeordnet.

Die Benennung des Stützpunktes nach dem Stadtteil Kiel-Wik, in dem die Marine seit ihrer Gründung stationiert ist, soll die enge Verbindung zwischen der Stadt Kiel und der Marine zum Ausdruck bringen. Auch die über 150-jährige Geschichte der Kaserne selbst und die daraus erwachsene gegenseitige Bedeutung für die Entwicklung der Stadt und der Seestreitkräfte soll im neuen Namen anklingen.

Streiche „Tirpitz" und „Scheer", setze „Gorch Fock" und „Oskar Kusch"

Johann Wilhelm Kinau, Künstlername „Gorch Fock"

Die im Süden des Hafens liegende Tirpitzmole wurde in „Gorch-Fock-Mole" umbenannt. Das verweist auf den langjährigen angestammten Liegeplatz des Segelschulschiffs, das gleichermaßen Symbol für die Marine und ein Wahrzeichen der Stadt Kiel ist. Und der Name erinnert natürlich an den Dichter, der 1916 als einfacher Matrose der Kaiserlichen Marine in der Skagerrak-Schlacht gefallen war.

16

Die bisherige nördliche Scheermole heißt jetzt „Oskar-Kusch-Mole". Der Namensgeber war als Ober-leutnant zur See Kommandant eines U-Bootes der Kriegsmarine. Er wurde wegen offen geäußerter Kritik am Nazi-Regime 1944 auf dem Schieß-platz in Kiel-Holtenau hingerichtet. In diesem Viertel lässt ihm die Stadt mit der Oskar-Kusch-Straße bereits ehrendes Gedenken zu-teil werden.

Oskar Heinz Kusch (1918–1944), kam aus der bündischen Jugend, die sich der Gleichschaltung im NS-Regime wider-setzt hatte.

Mit den neuen Namen will die Marine zeigen, dass sie sich we-der der Geschichte noch ihrem Erbe verweigert. Sie ist vielmehr auch gewillt, mit der Zeit zu gehen und eine eigenständige Inter-pretation von Traditions- und Erinnerungswürdigkeit zu etablieren.

17

Der Hintergrund zu Umbenennungen bei der Marine

Die Tradition der Deutschen Marine basiert auf dem Grundgesetz und ist fester Bestandteil der Inneren Führung der Bundeswehr. Die Neufassung des Traditionserlasses hat bereits 2017 festgelegt, dass der Kern des Traditionsverständnisses der Bundeswehr künftig in ihrer eigenen, über 60-jährigen Geschichte, der freiheitlich-demokratischen Grundordnung sowie im Widerstand gegen Diktaturen und Gewaltherrschaft liegt. In der Kieler Oskar-Kusch-Straße erinnert ein Gedenkstein an den während der Nazi-Diktatur hingerichteten jungen Marineoffizier.

Der Rückgriff auf die Vormarinen ist damit zwar weiterhin ein Teil der Geschichte, aber nicht mehr bestimmendes Element der Traditionspflege der Marine. Nur einzelne Ereignisse, Prinzipien und Personen, die nach wie vor mit heutigen Wertevorstellungen in Einklang stehen, sind immer noch traditions- und erinnerungswürdig.

Infolgedessen hatte noch der frühere Inspekteur der Marine, Vizeadmiral Andreas Krause, angewiesen, alle bestehenden Namen von Kasernen und weiterer Infrastrukturelemente auf ihre Traditionswürdigkeit im Sinne des Erlasses hin zu überprüfen. Da, wo notwendig, sei eine Umbenennung zu veranlassen.

(Nach PIZ Marine vom 01.10.2021)

* * *

Kommentare

Das Informations- und Pressezentrum der Marine gibt die Gründe für die Umbenennung der Liegenschaften in Kiel nur allgemein und pauschal mit den „heutigen Wertevorstellungen" an. Die Verwendung der Namen von Admiralen der Kaiserlichen Marine ist

„nicht mehr zeitgemäß und traditions- beziehungsweise identitäts-stiftend".

Davon abgesehen drängt sich die Frage auf, ob es überhaupt sinnvoll ist, ins historische Zeitgeschehen eingebundene Personen für den heutigen Alltag mit seinen veränderten Rahmenbedingungen als Vorbilder für spätere Generationen hinzustellen. Es ist oftmals schwierig, die Relevanz eines bestimmten vergangenen Verhaltens deutlich zu machen.

Nach der Kriegsschuldthese von Fritz Fischer in „Der Griff nach der Weltmacht" wurde bei dem Wunsch, die kaiserliche „Weltpolitik" zur See zu ermöglichen, nicht beachtet, dass der Flottenaufbau zur Verschärfung der internationalen Lage bis hin zur Kriegsgefahr, insbesondere mit Blick auf Großbritannien, beitrug und letztlich ein Faktor für den Ausbruch des ersten Weltkrieges wurde. Dem hält aber Manfred Rauh in seiner Untersuchung zur Britisch-russischen Marinekonvention von 1914 entgegen, dass es ein mit den Engländern abgestimmtes Marine-Rüstungsabkommen gegeben hat und der deutschen Flotte in den Überlegungen der Britischen Admiralität keine besondere Bedeutung beigemessen wurde.

Der Chefredakteur des Deutschen Marinebundes DMB äußerte sich zur Umbenennung von Marine-Einrichtungen in Kiel folgendermaßen: *„Die Meinung unseres Verbandes lässt sich ganz kurz zusammenfassen. Wir finden, dass man Geschichtsbewusstsein nicht bewahrt, indem man Geschichte oder Personen aus dem öffentlichen Raum verbannt, sondern dadurch, dass man sich mit ihr bzw. mit ihnen beschäftigt."* (DMB: Leinen los! 6/2021, Editorial)

In einem Artikel „Deutsche Marine schafft Fakten" geht Matthias Faermann vom DMB noch detaillierter auf die Umbenennungen in Kiel ein. Er schreibt und zitiert:

„*Die Entscheidung wird kontrovers diskutiert. [...] Aber war die Aktion wirklich notwendig? Immerhin existieren die Bezeichnungen seit nahezu 100 Jahren. [...] Es trifft zu: Alfred von Tirpitz und Reinhard Scheer können keine Vorbilder für die heutigen Soldaten sein. Sie sind jedoch wesentliche Protagonisten der deutschen Marinegeschichte, aus deren Wirken und Handlungen sich viele Lehren ziehen lassen.*

DMB-Historiker Dr. Jann M. Witt kommentiert den Vorgang: ‚Ich kann die Kritik an der Umbenennung nachvollziehen, doch unterm Strich blieb der Marineführung nach dem geltenden Traditionserlass keine andere Wahl, als sich von den alten Namen zu verabschieden,‘ [...] Die Historiker Dr. Dirk Sieg und Dr. Heinrich Walle haben in einem Diskussionspapier zur Umbenennung angemerkt: ‚Von dem Grundsatz ausgehend, dass die Notwendigkeit des Erinnerns nicht mit Traditionswürdigkeit gleichzusetzen ist, bietet sich die nicht zu unterschätzende Chance, durch kontroverse Namen aus der Geschichte gerade und allererst eine dauerhafte sowie nachhaltige kritische Auseinandersetzung mit derselben herbeizuführen. Dadurch wird es den jungen Soldatinnen und Soldaten ermöglicht, ihr Reflexionsvermögen in Verbindung mit kritischem Denkvermögen zu erweitern. Damit wird eine Horizonterweiterung im Hinblick auf (Selbst-)Bildung bewirkt. Unterstützt werden sollte dies durch das Aufstellen von Informationstafeln, welche den geschichtlichen Kontext darlegen, um so die problematischen Aspekte und die daraus abzuleitenden mahnenden Erkenntnisse für unsere demokratische Gesellschaft bewusst zu machen. Damit aber käme solchen Namen eine wichtige aufklärerische Funktion zu, die darin besteht, neue Generationen mit Erinnerungen zur deutschen Geschichte zu konfrontieren, sodass sie aus der Vergangenheit lernen können – für eine bessere Zukunft. Eine solche aktiv zu gestalten, sollte die Hauptaufgabe der jungen Trägerinnen und Träger unserer demokratischen Gesellschaft sein, vor allem und gerade auch der Bürgerinnen und Bürger in Uniform." (DMB: Leinen los!, S. 8)

Dirk Sieg und Heinrich Walle legen hier eine Leitlinie für die Ausbildung in Seekriegsgeschichte oder der Traditionsvermittlung vor. Ob aber der WO oder die Besatzung beim Einlaufen in den Marinestützpunkt Kiel mit der Zuweisung eines Liegeplatzes sich an eine Hinweistafel auf den Namensgeber der Mole erinnern und reflektieren würden, ist eher unwahrscheinlich. M.a.W.: Im betrieblichen Ablauf eines Alltages bleibt wenig Zeit, um historische Fragen zu reflektieren. Das kann schon eher auf Passanten am Ufer der Kieler Förde zutreffen. Doch solllte dies, wie oben vorgeschlagen, durchaus Teil der historischen Ausbildung zum Marineoffizier und der Bildung zum Staatsbürger sein.

In dieser Schrift geht es aber nicht um die Person Scheer, sondern um die Erlebnisse der Bordbesatzungen des Schulschiffes, für dessen Namensgebung sie nicht verantwortlich waren.

Internationales Rufzeichen der Schulfregatte „Scheer"

D B U Z

Erlebnisse der Bordcrew

Erinnerungen an mein Bordkommando
1958 / 59
Von Werner Ohl

Nach meiner Grundausbildung bei der 2. Schiffs-Stamm-Abteilung (SStA), 8 Monaten Bordkommando bei dem 3. Minensuchgeschwader (MSG), auf den Boten „Deneb" und „Algol", hatte ich im August meinen Lehrgang in der Fachrichtung Maschinendienst, Elektrotechnik (ME 43) auf der Technischen Marineschule (TMS II) in Bremerhaven beendet. Eine Versetzung nach Eckernförde zum Unteroffiziers-Lehrgang habe ich damals abgelehnt und um ein Bordkommando im Fregatten- oder Zerstörer-Programm gebeten. Denn viele meiner bekannten Kameraden waren schon seit Monaten in den USA oder England. So wurde ich dann ab 1. August 1958 zur 5. SStA Bremerhaven abkommandiert, Programm Baubelehrung „Hart", der späteren „Scheer". Ich war glücklich! Doch die 5. SStA war ein Wartekommando. Ein Kommando ohne richtigen Dienstplan. Wir haben nachts Wachrunden in der ganzen Kaserne gedreht, ab und zu wurde exerziert, aber nie ernsthaft und verbissen. Ich habe mit Verkehrs-Boote (V-Boote) gepflegt, die zur 5. SStA gehörten. Dann war ich einige Wochen Hilfs-Englischlehrer im sogenannten „Grauen Esel", dem Stabsgebäude der Kaserne. Die Schüler waren in erster Linie ältere Bootsleute, die schon bei der Kriegsmarine gedient hatten und Unteroffizier-Anwärter, welche auf ihre Abkommandierung nach den USA warteten.

Endlich dann am 1.4.59 ging es nach England. Von der Überfahrt nach South Shields ist mir nichts mehr im Gedächtnis geblieben. Bis zum Einzug auf der damaligen Fregatte „Hart", wohnten wir in so genannten „Boarding houses" oder mit „Bed and Break-fast", zu Deutsch, in Pension. Ich wohnte mit 3 oder 4 Kameraden in einem Zimmer. Mit uns noch ein englischer Werftarbeiter. Einer meiner Kameraden war der Kamerad Sprengart, an diesen Namen kann ich mich noch gut erinnern. Uns ging es eigentlich gut in dieser Pension, nur einer der Kameraden hatte gemault, weil er jeden Tag Hammelfleisch vorgesetzt bekam. Dies war mir bis zu dem Tag seiner Beschwerde nie aufgefallen.

Ich hatte abends immer guten Appetit, darum hatte es mir auch ohne Vorbehalt geschmeckt. Im Allgemeinen hatte uns die „Lentlady" umsorgt wie ihre eigenen zwei Kinder, die beide zwischen 16 und 18 Jahre waren. Die ältere Tochter war natürlich von den Seelords umworben. Ich glaube sie hieß Linda.

Wenn der, welcher sie mehmals abends nach Hause brachte, diese Zeilen liest, wird er sich wohl daran erinnern. Als ich hier den Namen jenes Kameraden las, sind mir die Abschiedsszenen. die von unserem Zimmerfenster aus beobachtet wurden, direkt wieder eingefallen. – Ja, wir waren Spanner, aber harmlose.

Jeden Tag fuhren wir von South Shields nach New Castle zur Werft, bis zu unserem offiziellen Einzug an Bord. Von diesem Tag an durften wir unsere Uniform tragen, und die offizielle Bordrou-tine nahm ihren Lauf.

Mein Reich war das Haupt-Elektrizitäts-Werk (E-Werk) an Steuerbord. ein von einer Dampfturbine betriebener Generator mit zwei Schalttafeln, etwa 2 Meter lang und 1,8 m hoch. Dazu gehör-te eine kleine Werkstatt, vor welcher eine Leiter als Notausstieg an Oberdeck führte. Dann gab es noch eine große Windhutze, die das E-Werk mit Frischluft versorgte. Durch ein Schott war meine Ab-teilung mit dem Fahrstand des Schiffes verbunden. Die Hauptauf-gabe bestand in der Überwachung der Anlage und in Reinigungs-

und Wartungsarbeitcn. Also nicht sehr spannend, aber verpflichtend, denn jede Wache hatte 6 Stunden !!! Diese vor Ort zu verbringen war Pflicht, bis auf kleine Ausnahmen.

Irgendwie überlegte man immer, wie man sich sein Dasein erleichtern oder verschönern könnte. – Auf Verschönerung komme ich noch zurück.- Also man musste sich seine Nachtwache bei einem Seetörn schmackhaft machen. Ein Elektrokocher gehörte zum Werkstattinventar. Dann organisierte ich alles weitere: Kartoffeln, Zwiebeln, Bratfett, Mehl und Eier sowie eine Pfanne. Eine Schüssel sowie eine Reibe besorgte ich beim Smut in der Kombüse. Diese Utensilien brachte ich in meine Werkstatt. An diesem Tag war unsere Wachablösung um 01 Uhr, ich hatte nun ungestörte 6 Stunden. Nach der Wachübergabe und der routinemäßigen Kontrolle legte ich los. Ich schälte Kartoffeln und Zwiebeln, raspelte alles auf der Reibe, vermengte alles mit Eiern und Mehl – auch Salz hatte ich nicht vergessen, so wie ich es Muttern abgeguckt hatte. Die Pfanne war heiß und es konnte losgehen. Ich hatte für mich, die Maschinenwache am Fahrstand und den Kameraden aus dem Backbord-E-Werk kalkuliert. Ich war so in mein Gebrutzel vertieft und erfreute mich an dem guten Gelingen und dem Duft der Kartoffelpuffer, dass ich alles um mich herum vergessen hatte. Als die erste Portion serviert werden sollte, ist mir fast der Teller aus der Hand gefallen, denn am Fahrstand lungerten sich fast 10 Freiwächter, die achtern eine Zigarette geraucht hatten. Der Duft meiner Tätigkeit war durch die Windhutze und Abluftanlage direkt nach achtern gezogen und hatte die Kameraden direkt in den Maschinenraum geführt. Was nun kam, kann man sich wohl denken. Es wurden mehr Lebensmittel organisiert, Helfer „abkommandiert", um Kartoffeln und Zwiebel zu schälen und zu raspeln, also die niederen Arbeiten auszuführen. Ich durfte weiter mengen und backen. Das war eine unvergessliche Wache.

Es gab auch viele Probefahrten, wo alle möglichen Anlagen getestet wurden, unter anderem auch die Stabilisatoren, mit denen dem Krängen des Schiffes bei Seegang entgegengewirkt wurde. Mit dieser Anlage konnte man auch das Schiff bei glatter See zum Schaukeln bringen. So geschehen an einem Tag. an dem wir irgendwelche Besucher an Bord hatten, Zivilisten. Es war nur ein kleiner Törn, vielleicht ein Nachmittag. Jedenfalls vor der Küste wurde die „Scheer" mittels dieser Anlage zum Schaukeln gebracht. Das kann nur jemand mitfühlen, der Ähnliches erlebte. Hat das Schiff eine bestimmte Neigung erlangt, wird es durch eine Ruderbewegung des jeweiligen Stabilisators zurückgeholt, um dann auf der anderen Seite das Gleiche zu wiederholen, nur in anderer Richtung. Schon nach einigen Minuten wurden die ersten Gäste blass und versammelten sich an der achteren Reling. Dann fingen die ersten an, die Fische zu füttern. Zu unserem Spaß und Gelächter spuckten die Landratten direkt achtern raus. Dort gibt es kurz unter dem Rand des Decks eine windstille Zone, aber dann entsteht ein Aufwärts-Sog, der meist die „Opfergaben" zum Spender zurückbrachte. Das waren immer so spaßige Einlagen, denen auch Bord-Neulinge beim Pinkeln zum Opfer fielen. [Vgl. auch „Künstlicher Seegang", S. 74]

Eine weitere Maschinenraum-Story hat sich ebenfalls auf einer Probefahrt ergeben. Wie schon erwähnt, auf solchen Fahrten waren auch immer Gäste an Bord, dieses Mal Maschineninteressierte. Irgendwann kam Unruhe in die Turbinengeräusche, zuerst kaum zu hören, nur die Fahrmaate blickten argwöhnisch umher und gingen zwischen den Maschinen umher und lauschten hier und hörten dort. Dann hörte man in den Turbinengeräuschen ein deutliches Auf und Ab, das immer stärker wurde. Die Maschinenmannschaft fing an, die Turbinen zu entwässern, auch auf meiner Station fing die Turbine an zu jaulen. Plötzlich standen zwei Maate in meiner

Station. veranlassten mich, die Entwässerungsvorrichtungen zu betätigen. Der damalige Unteroffizier-Anwärter (UA) Karlheinz Kersten überwachte die Lastverteilung des Stromes, es wurden Schalter gezogen, alle Verbraucher, die nicht nötig waren, wurden vom Netz getrennt, nur die Brücke musste unbedingt gespeist werden. Unser Kessel, das Herz der Dampfversorgung, hatte Wasserschlag. Das hieß, dass Wasser in den Dampf gelangte, der die Turbinen versorgte. Das hätte die Antriebsanlage zerstören können. Das Wasser im Kessel, einfach ausgedrückt, fing an zu kochen, so dass die Wände bebten. Das war wirklich ein Ernstfall, der schlimm hätte enden können. Von unseren Gästen sah man nur noch die Absätze, so schnell wurden die Niedergänge aufwärts geentert. Seltsamerweise wurde von all dem nichts an Oberdeck bemerkt, nur dem Maschinenpersonal war die Tragik bewusst. Am nächsten Tag hatten wir die Ursache erfahren: Der Dampf, der die Turbinen verlässt, wurde in einer Anlage zurückgekühlt. Das System arbeitete mit Seewasser. Diese Kühlwasseranlage hatte ein Leck und brachte auf diesem Wege Salzwasser in die Anlage, was das Kesselwasser zum Schäumen brachte, denn der abgekühlte Dampf wurde wieder dem Kreislauf zugesetzt, also im Kessel aufs Neue zu Hochdruckdampf erhitzt.

Eine weitere Anekdote, bei der ich auf „Verschönerung" zurück komme. Auf meiner Station kam irgendwann Langeweile auf. Die Flurplatten waren geputzt, die Turbine gereinigt, es war nichts zu bemängeln. Aber neue Farbe, das konnten die Wände gebrauchen. Normal waren sie weiß, aber warum nicht mal in einer anderen Farbe? So wurde an versteckten Stellen experimentiert. Als ich meine Malerarbeiten beendet hatte, prangten die Wände in Gelb, Blau, Rosa und lichtem Grün. Ich war mit meiner Arbeit zufrieden. Keiner hatte etwas bemerkt, das ist mir heute noch unverständlich, möglicherweise ein Fall von Betriebsblindheit. Dann wurden Turbine und Generator mit Walt-Disney-Motiven verschönert. Als ich anfing, das Zwischenschott mit Witzfiguren zu bemalen, wurde man aufmerksam. Nach und nach streckte jeder mal seinen Poller durch das Schott, bis zum Leitenden Ingenieur (LI). Es wurde geschmunzelt und der Kopf geschüttelt. So richtig sauer war niemand. Ich wurde auch nicht zur Rechenschaft gezogen, sondern musste nur während meiner Freizeit den alten Zustand herstellen, ein paar Goofies und Donalds durften verewigt bleiben.

Ein paar Stunden nachdem ich auf der Homepage der Bordkameradschaft registriert war, hat mich mein damaliger Fachvorgesetzter Karlheinz Kersten angerufen. Nachdem wir uns „identifiziert" und ein paar Worte gewechselt hatten, kam es spontan von ihm: „Erinnerst Du Dich noch, als Du aus dem E-Werk einen bunten Papageien-Käfig gemacht hast?" Auch ihm war diese „Verschönerung" im Gedächtnis geblieben.

Eine weitere Anekdote, nur kurz. Auf Reede vor Helgoland kamen einige Seeleute auf die Idee, die Angel auszuwerfen, eigentlich nur eine Angelschnur mit Blinker. Was soll ich sagen … die Fische bissen wie verrückt. Wir mussten wohl über einem Schwarm Dorsche geankert haben. Es wurden Pützen und Schüsseln gefüllt bis zum Überlaufen. So etwas haben wir nie wieder erlebt. Natürlich hat die Kombüse den Fang verarbeitet. Da dies ein kostenloses Geschenk der See war, bekam jedes Besatzungsmitglied an diesem Tag zum Essen eine Flasche Bier.

Im Herbst, es war sehr neblig, es war, glaube ich, in der Nähe von Borkum, als plötzlich hunderte von Staren auf unserem Schiff einfielen. Sie flatterten und schwirrten überall. Es war fast unheimlich. Durch die Windhutzen gelangten sie in den Maschinenraum und saßen dann auf den Rohren. Mir ist heute nicht mehr im Gedächtnis, wie die Vögel später verschwunden sind. Zwei der Tiere habe ich in meiner Werkstatt gefunden, sie waren flugunfähig. Ich zimmerte aus einer Holzkiste und Schweißdrähten einen Käfig und pflegte sie gesund. Ein Vogel konnte bald wieder fliegen, bei dem anderen reichte es nur noch, um auf eine Bank hochzufliegen und von dort auf die Back, wo ich den Kätlg in unserem Deck aufgestellt hatte. Ich pflegte die Vögel ein paar Wochen, dann übergab ich die Schreihälse Kapitänleutnant Filippczyk, der sie mit nach Hause nahm, für seine Tochter.

Ein Ereignis will ich nicht vergessen zu erwähnen. Kapitän Wolf hatte bei dem Einlaufen in Bremerhaven allen Zuschauern gezeigt, wie ausgezeichnet er sein Schiff manövrieren konnte. Nachdem wir in der Außenschleuse lagen und nun zur Pier verholen sollten, hatte er den Schleppern, die uns helfen wollten, abgewunken. Kapitän Wolf fuhr ein paar Ankermanöver, wobei er um den Anker schlierte und so das Schiff immer in die richtige Position brachte, um die „Scheer" so durch die Schleusen-Einfahrten zu bringen, bis wir festmachen konnten. Er war eben ein hervorragender Seemann und für uns ein ebensolcher Vorgesetzter. Leider konnte ich diesem Manöver nur durch ein Bullauge folgen und musste mich auf die Berichte der Kameraden verlassen. Nur das Rasseln der Ankerkette konnte ich wahrnehmen.

Nachtrag von Gunnar Mey, Smut

Also, die Überfahrt nach New Castle für die Besatzung „Hipper" und „Scheer" 1959 – ich war zur selben Zeit in der 5. SStA. Wir wurden alle in der Kombüse der TMS und MOS (Marienortungsschule) eingesetzt, bis zur Überfahrt. Mit dem Zug bis Hook van Holland, mit Fähre bis Harwich, dann mit Zug bis London, dort umgestiegen in den Zug nach Newcastle.

Übrigens – einer unserer Begleitoffiziere war Kapitänleutnant (KptLt) Heinsius, später erster Offizier auf der „Hipper" und Ver-

28

fasser der „Marinefibel". Wir von der „Hipper" waren aber je nach Laufbahn, jeweils zu 2 Personen, privat untergebracht. Mir ist das aus folgenen Grund noch im Gedächnis: Am 2-ten Tag bei unserer Gastgeberin, sie war so um die 40 Jahre, und ihrer schönen Tochter, etwa 20 Jahre jung, erzählte uns die Frau, dass ihr Mann im Krieg gegen die Deutschen auf See geblieben ist. Trotzdem sind wir überaus herzlich aufgenommen worden. Das gleiche muss man auch von den englischen Werftarbeitern der Vickers-Armstrong-Werft sagen. Zu der Zeit waren mehr Frauen als Männer dort beschäftigt. Mir ist es so im Gedächnis geblieben, als wäre es erst vor kurzen gewesen.

PS: So wie der „Marinegott", die Stamm-Dienststelle der Marine (SDM), es wollte, nach Ankunft in Bremerhaven, wieder 5. SStA, wieder nach England, wieder eine Fregatte abholen (aber diesmal die „Raule" aus Liverpool) das war alles sehr aufregend für uns.

Übrigens – ich habe die Reise mit meinem Sohn im Jahr 2000 noch einmal zur Erinnerung nachgestellt – bis Harwich. Ich stellte fest, dass die Gleise dort im Bahnhof noch genau so krumm sind wie damals 1959 !!

Revue meiner Dienstzeit
1959 – 1964
Von Gert Boie

Ganz kurz möchte ich nun die Dienstzeit auf der „Scheer" Revue passieren lassen. Es ist mir leider nicht gelungen, eine chronologische Reihenfolge einzuhalten. Wo sind wir mit unserer „Scheer" nicht überall hingekommen. Einen großen Teil des freien Europas haben wir bei vielen so genannten „Routine Visits" kennen lernen dürfen. Die erste Auslandsreise führte uns nach Den Helder in den Niederlanden. Zum ersten Mal bewegten sich die noch jungen

Lords in Uniform auf ausländischem Territorium. Von der Schiffs-führung, Korvettenkapitän (KKpt) Wolf, KptLt Kirchhoff und Filippczyk kam der Befehl, uns anständig zu benehmen. Besonders nahe gelegt wurde uns, die Wohnboote der weiblichen Marine nicht zu betreten. Zwar kam es trotzdem zu einem Vorkommnis mit einem Angehörigen der Schiffsführung, das aber mit dem Mantel der Liebe zugedeckt wurde. Ein paar Jahre später lag die „Scheer" dann für sechs Wochen in einer Werft in der Nähe von Rotterdam. Während eines Manövers mit dänischen und norwegischen Einheiten waren wir die ersten Soldaten nach dem Kriege, die norwegischen Boden betraten. Die „Scheer" lief die Häfen von Kristiansand, Horten und Oslo an. Zwar verhielt sich die norwegische Bevölkerung sehr reserviert, aber durch unser korrektes Auftreten haben wir viele Vorurteile abbauen können.

In den folgenden Jahren haben wir Norwegen bis in den höchsten Norden kennen gelernt. Angelaufen haben wir die Häfen von Stavanger, Bergen und Tromsö. Die nördlichste Stadt Hammerfest bestaunten wir dann im Vorbeifahren. Im hohen Norden fand dann auch unsere Polartaufe statt. Am 13. 8. 1964, auf dem nördlichen Polarkreis, 11 Grad 47 Min. östlicher Länge.

Auch Dänemark lernten wir ausgiebig kennen. Hauptanlaufhafen war Frederikshavn. Mir fällt dabei die Episode mit einem Obermaat des Hafenkapitäns ein. Kaum hat die „Scheer" festgemacht, kam er mit einem Fahrrad die Pier entlang geradelt. Am Lenker und dem Gepäckträger große Taschen. Von der Schiffsführung unbemerkt, begann dann das große Feilschen von zollfreiem Schnaps und Zigaretten. Nach Abschluss der Verhandlungen verließ unser Freund das Schiff mit prallgefüllten Taschen und wir konnten mit dem erzielten Erlös die Landgangskasse auffüllen.

Einige Male lief die „Scheer" auch französische Häfen an. Das Anlaufen von Brest haben wir einem kranken Kameraden zu verdanken. Die „Scheer" stand damals vor Cap Finisterre auf der Heimreise aus dem Mittelmeer, als der Kamerad an einer akuten Blinddarmentzündung erkrankte. Die „Scheer" pflügte mit „3 Mal Wahnsinnige" durch die Biskaya, sodass wir glaubten, die Kessel könnten jeden Moment an Oberdeck stehen. Wir erreichten Brest noch rechtzeitig und in einem Krankenhaus wurde dem Kameraden geholfen.

Cherbourg wurde angelaufen, um die Minensuchboote „Hameln" und „Passau" zurückzuholen. Mit uns im Hafen lag auch der britische Zerstörer „Cossak", der an der Jagd auf unsere „Bismarck" beteiligt war. Ein Engländer mit einem roten Vollbart konnte sich bei einer Tanzveranstaltung nicht benehmen. Daraufhin wurde er von Scheerfahrern geschnappt und mitten im Saal mittels Streichhölzern rasiert. Der Bart wurde abgesengt. Ein herrliches Schauspiel – die dabei waren, werden sich erinnern.

Nach Cherbourg liefen wir den schönen Hafen von St. Malo an. Von dort brachten wir unseren ersten Bordhund mit, den wir „Malo" nannten. Wir besuchten auch das Mönchskloster „St. Michel".

Zweimal besuchte die „Scheer" auch die Republik Irland, wobei Cork und Glengarriff besucht wurden. Beeindruckend war der überaus herzliche Empfang dort. Weitere Anlaufhäfen waren Porto in Portugal und die Blumeninsel Madeira. Gibraltar wurde angelaufen zum Bunkern. Aber auch unsere Reisen ohne Anlaufhafen sollen hier nicht in Vergessenheit geraten. Ich erinnere mich an die Fahrt ins Mittelmeer, rund Großbritannien und an Islands Küste. Manchen Sturm haben wir abgeritten und einige von uns mussten Neptun ihr Opfer bringen. Doch letztlich haben wir alles gut überstanden. Viele Manöver fuhr die „Scheer", dabei oft als Führungsschiff und wir hatten viel Prominenz an Bord. Auch bei der Flottenparade zur Verabschiedung von Vizeadmiral Ruge war die „Scheer" zugegen.

Vergessen werden soll auch nicht die Fernsehsendung an Bord der „Scheer". Im September 1964 drehte Radio Bremen die Sendung „Hafenmelodie". Durch die Sendung führte Hans-Heinrich Isenbart, als Sänger waren dort Silvio Francesco, Christina Williams, Owen Williams und Bill Ramsey, dieser wurde auch Ehrenobermaat der „Scheer" mit Urkunde.

Mittelwächter und Tee mit Rum
1959
Von Paul-Friedrich Janke

Die Wachablösung der Seeleute und Funktioner nach dem Vier-Stunden-Törn um Mitternacht geschah fast zeitgleich mit der Ablösung des Maschinenpersonals nach dem Sechs-Stunden-Törn. Für die Wachgänger gab es die allgemein beliebte Zwischenmahlzeit, den Mittelwächter. Die neue Wache konnte sich aufmuntern und stärken. Die abgelöste Wache musste nicht kalt und hungrig in die Koje oder Hängematte gehen. Wer friert und Hunger hat, der kann bekanntlich schlecht einschlafen. Wir Köche wechselten uns in der Bereitstellung des Mittelwächters ab. Es wurde täglich variiert. Als Getränke standen Kaffee, Tee oder Brühe bereit. Manchmal war die Brühe eine Suppe. Brot und Schmalz oder die Reste vom Abendessen vervollständigten das Angebot. Die abgelösten Heizer, die reichlich Hitze vor den Kesseln genossen hatten, bevorzugten ihr Kujambel-Wasser, Trinkwasser mit einem Schuss Fruchtsirup. Als ich, wie es gelegentlich vorkam, die klare Suppe mit Nudeln durch einen Eieinlauf aufwertete, sagte mir einer der Seeleute, der offensichtlich aus Schlesien stammte: „So eine scheene Hiehnerbriehe zum Mittelwächter ist doch immer vorzieglich."

In den kalten Wintermonaten gab es Tee mit Rum. Es war ein ganz besonderer Rum. Für alle Schiffe der britischen Royal Navy gehört der Rum zur Grundausrüstung. Als die „Scheer" von der Royal Navy an die Bundesmarine übergeben wurde, war sie traditionsgemäß mit Rum versorgt. Dieser Rum hieß bei uns an Bord nur der „Navy-Rum". Welche Erlebnisse sich damit verbinden, das werde ich gleich erzählen.

Rätselhaftes Schwinden des Navy-Rums
1959
Von Paul-Friedrich Janke

Der Navy-Rum erschien uns anfangs als ein unermesslicher Schatz. Gab es ihn doch nur auf den von Großbritannien übernommenen Fregatten. Er wurde auf der „Scheer" in großen Demijohns (engl. Bezeichnung für Korbflasche) kurioserweise in der Proviant-Trockenlast unter Verschluss gehalten. Wie schmeckte der Rum und welche Wirkung hatte er? Der Navy-Rum war nicht zu vergleichen mit dem milden Balle, also nichts für zarte Seelen. Es mag ja sein, dass er Scheintote wieder beleben konnte, doch für verwöhnte Gaumen war er nur in der Verbindung Tee mit Rum zu ertragen. Wie heißt es so schön? „In der Not frisst der Teufel Fliegen." Wenn sich im Portemonnaie wieder einmal die periodische Ebbe einstellt, erinnern sich findige Burschen daran, dass traditionell Rum das beliebteste Getränk der Seeleute war. Was liegt näher, als dass die richtig harten Männer der Marine echten Navy-Rum trinken müssen. Es fiel überhaupt nicht auf, als von Zeit zu Zeit von dem Rum etwas abgezweigt wurde und im Unteroffiziersdeck als Hard-Drink genossen wurde.

Die finanziellen Durststrecken ereilten jedoch nicht nur die Maate und Obermaate sondern im weitaus größerem Umfang auch die Mannschaften. Einige Notleidende schafften es dann wirklich, einen mitleidigen Koch zu überzeugen, sie von der unerschöpflichen Rumquelle zu laben. Der Koch und wohl auch die zunächst stillen Zecher hatten leider die Wirkung des Rums total falsch eingeschätzt. Der Navy-Rum verhalf nicht nur zu Fröhlichkeit und Zufriedenheit. Er erweckte animalische Instinkte, steigerte die Aggressivität, so dass jegliche Selbstkontrolle verloren ging – frei nach dem Film „Denn sie wissen nicht was sie tun." So kam, was irgendwann kommen musste. Die Schiffsführung erfuhr von dieser denkwürdigen Entgleisung. Seit Tag und Stunde verschwand der Navy-Rum aus der Verfügungsgewalt der Köche und wurde vom Ersten Wachoffizier (I WO) unter Verschluss gehalten. Die kalte Jahreszeit neigte sich dem Ende zu. Damit gab es auch keine Chance mehr auf Tee und Rum. Ja, der Navy-Rum, wo ist er nur geblieben? Er ist einfach verschwunden und auch später nicht wieder aufgetaucht.

Der Bolzen
1959/60
Von Hermann Warrings

Was ich noch erzählen wollte: Hauptgefreiter Maschke war des öfteren hinter mir her und wollte immer mit mir an Land, vielleicht weil er mich so gerne mochte. Manchmal ging er mir auf den Keks, aber er war ja sonst ein lieber Kerl. Dann kommt nebenbei Obermaat Kühn ins Spiel, der uns nicht immer gut gesonnen war. Wenigstens Maschke und ich waren mal wieder unterwegs und hatten natürlich auch dem Wasser gut zugesprochen, dabei muss uns wohl einer etwas ins Ohr geflüstert haben, dem wir auch Taten folgen ließen.

Als wir nachts vor unserem Schiff standen und das Fahrrad von Kühn sahen, war's geschehen. Auf die Bordwache aufgepasst und das Fahrrad ging mit an Bord. Hier wurde kurz überlegt und dann bekam das Rad den Ehrenplatz hoch oben im Mast. Wir hatten natürlich nicht mitbekommen, dass Bootsmann Werner das Oberdeck hatte streichen lassen. Das Durchtrampeln dieser Fläche brachte noch zusätzlich Ärger. Irgendwie hatten wir uns auch verraten oder sind aufgefallen, wenigstens mussten wir beide extra antreten und es kam eine ordentliche Standpauke.

Wie es weiter ausgegangen ist, ist mir nicht mehr bekannt. Lob von vielen Besatzungsmitgliedern – sogar die Offiziere hatten wir auf unserer Seite.

Der Sport an Bord
1959/60
Von Paul-Friedrich Janke

Für den aktiven Sport war an Bord nur wenig Gelegenheit. Da gab es die Gruppe der Fußballspieler. Diese Bordmannschaft trat mit mehr oder weniger Erfolg gegen andere Mannschaften an. Aber die „Scheer" war kein Flugzeugträger, weshalb das Fußballspiel während der Seetage aus Platzmangel ausfiel. Eines Tages wurde ein besonderes sportliches Ereignis angekündigt: Es sollte einen Boxkampf geben. Das war keine auszutragende Meinungsverschiedenheit. Nein, es sollte ein echter Sportwettkampf mit richtigen Boxhandschuhen werden. Die Akteure waren Obergefreiter F. von der l. Division und Obergefreiter B. von der 2. Division. Natürlich wurden Spekulationen über die Fähigkeiten der Gegner angestellt. Für mich war es ziemlich klar, dass der große bullige B. mit seiner größeren Reichweite und seinem Körpergewicht gewinnen würde. Andere setzten auf den etwas kleineren F., der ihnen beweglicher erschien und Boxerfahrung haben sollte. Die Spannung stieg, bis sich nach dem abendlichen Backen und Banken endlich die beiden Athleten im Funktionsdeck gegenüber standen. Das Deck war völlig überfüllt mit den erwartungsvollen Zuschauern. Wollte doch jeder so hautnah wie möglich dabei sein. Die behandschuhten Fäuste wurden geschüttelt und frisch und frei, auch frei von Mundschutz, starteten die Helden in die erste Runde. Der Kampf fand ein jähes Ende, als Obergefreiter F. den Obergefreiten B. im Gesicht traf und der falsche Schneidezahn von B. durch das Deck flog. Wir Zuschauer waren enttäuscht, weil es zum eigentlichen Kampf gar nicht gekommen war. Dafür durften wir in den nächsten Tagen die Zahnlücke von B. bewundern.

Das Gästebuch
1959 - 1967
Von Oswald Jungdäubl

Das Original des Gästebuches unserer „Scheer" habe ich anlässlich eines Besuches beim „Förderverein Marinemuseum Bremerhaven e.V." entdeckt. Auf annähernd 100 Seiten können die Namen bekannter Persönlichkeiten mit interessanten Widmungen nachgelesen werden, beginnend mit dem 21.05.1959, dem Tag der Indienststellung in Bremerhaven. In dem sehr umfangreichen Gästebuch sind u.a. auch handschriftliche Eintragungen enthalten, von Flottillenadmiral Thienemann, (ehemaliger Kommandant des Schweren Kreuzers „Admiral Scheer") und Admiral a.D. Hansen, (ehemaliger Stabsoffizier bei Admiral Scheer während der Skagerrakschlacht). Die beiden Admirale sind auf mehreren Pressefotos vom 21.05.1959 neben vielen anderen geladenen Gästen zu erkennen.

Eintrag Nr. 1: Grußadresse Admiral aD Hansen

36

Als einstiger Admiralstabsoffizier des Admirals Scheer habe ich die Ehre gehabt, der Schulfregatte „Scheer" ihren Namen geben zu dürfen. Möge sie diesem Namen stets Ehre machen:

„Stets glückliche Fahrt sei ihr beschieden."

21. 5. 1959   Gottfried Hansen Admiral a.D.
und Ehrenvorsitzender des Verbandes deutscher Soldaten.

Eintrag Nr. 2: Grußadresse durch Flottillenadmiral (FltlAdm) Thienemann

Ich überbringe der Fregatte „Scheer" die Wünsche des Herrn Verteidigungsministers und des Inspekteurs der Marine für immer glückliche Fahrt.   21.5.59   Thienemann Fl.Admiral.

*Ich überbringe der Fregatte „Scheer"
die Wünsche des Herrn Verteidigungsministers und des Inspekteurs der
Marine für immer glückliche Fahrt.*

21. 5. 59.

Thienemann
Fl. Admiral

FltlAdm Thienemann, letzter Kommandant „Admiral Scheer", schreitet die Front der Scheer-Besatzung ab, neben ihm Adm. a. D. Hansen.

Die große Zahl der Eintragungen von Lehrgangsteilnehmern in dem Gästebuch zeigt nicht nur den Verlauf der zahlreichen Ausbildungsfahrten, die die „Scheer" im Auftrag der Marineortungsschule und anderer Ausbildungseinrichtungen der Bundeswehr durchgeführt hat. Das Gästebuch hat der „Förderverein Marinemuseum Bremerhaven e.V." in einer Sonderausstellung in einer Vitrine mit anderen Scheer-Exponaten ausgestellt. Der Förderverein wurde mit dem Ziel der Wiedererrichtung des Museums gegründet, das sich ursprünglich über 15 Jahre lang in der Marineortungsschule befand. Inzwischen hat sich aber der Förderverein aufgelöst und von einem eigenen „Museum" für die Schulfregatte „Scheer" ist nicht mehr die Rede. Das Gästebuch wurde jahrelang von Obermaat Piost aufbewahrt, konnte aber in seinem Nachlass nicht ausfindig gemacht werden. Doch existieren zwei digitale Ausgaben des Gästebuches, eine beim Autor.

Des einen Leid, der anderen Freud
Februar 1960
Von Paul-Friedrich Janke

Von der spanischen Küste bei Cartagena ging der Kurs südwärts, danach entlang der marokkanischen Küste mit dem Atlas- und Rifgebirge. Vorbei an den spanischen Exklaven (Melilla, den vorgelagerten Inseln und Ceuta) erreichten wir wieder die spanische Küste. Dort wurde ein Kuttermanöver gefahren, die Crew in Schwimmwesten und Badehosen.

Auf nördlichem Kurs im Atlantik hieß es, Obermaat G. habe eine Blinddarmentzündung. Ging es etwa nach Lissabon? Über Funk kam Weisung, die Schmerzstelle zu kühlen. Unsere Tiefkühllast wurde hochgefahren, um das nötige Eis zu erzeugen. Als Anlaufhafen war Brest vorgesehen. Der Zustand des Patienten führte dazu, dass ihn auf See ein Hubschrauber übernahm und ins Krankenhaus brachte. Dort wurde der arme Kranke vor der Operation erst wegen Unterkühlung behandelt. Wir liefen dann in Brest ein. An Backbord lag der U-Bootbunker, ein Relikt der Deutschen aus dem

2. Weltkrieg. Die Stadt war im Krieg zu 90 % zerstört worden. Bevor wir in zwei Törns je vier Stunden an Land kamen, wurden wir eingehend belehrt über das Leid, das Deutsche der Stadt gebracht hatten und hinsichtlich unseres Verhaltens.

In der Stadt kauften und schrieben wir zunächst Ansichtskarten. Drei Briefkästen nebeneinander machten uns unsicher. Eine Frau überzeugte uns in Französisch, ein Kasten wäre für die Post in der Stadt und im Departement. Der zweite Kasten war für Paris und für Allemagne. Der dritte Kasten blieb ein ungeklärtes Rätsel. [Wahrscheinlich neben dem Kasten für Paris der für das Ausland!]

In der Kneipe war unser Französisch noch immer gleich Null. Was sollten wir trinken? Die Franzosen tranken Rotwein aus kleinen Gläsern. Das konnten wir auch, nur lenzten wir die Gläser viel schneller. Gefreiter E. griff zur Getränkekarte. „Lass uns mal was anderes trinken. Was ist das? Aperitif klingt gut! Das nehmen wir." Ein Gast riet uns, besser bei Rotwein zu bleiben, da wir mit Aperitif Karussell fahren würden. Wir glaubten ihm nicht. In der frischen Luft ging es uns anfangs prächtig. Allerdings auf der Treppe, die zum Hafen hinunter führte, hatte ich das Gefühl zu schweben. Hätten wir uns doch besser an Bier gehalten.

Bevor wir am nächsten Tag ausliefen, konnte ich noch ein Bild von dem französischen Flugzeugträger „Foch" aufnehmen. So brachte uns ein entzündeter Blinddarm eine willkommene Abwechslung vor der Heimfahrt in rauhe nördliche Gefilde.

Enttäuschung
1960
Von Karin Mey

Die Ehefrau von Gunnar Mey erzählt: Also hier meine kleine Geschichte: Ich glaube es war 1960 – weiß es aber nicht genau. Korvettenkapitän Wolf, Kommandant der Schulfregatte „Scheer", versprach mir bei einem Bordfest, mich mitzunehmen, wenn die „Scheer" durch den Nord-Ostsee-Kanal fahren würde. Er hatte eine väterliche Schwäche für mich. Welche Ehre, denn Frauen durften ja nicht mitfahren, aber er war der „Chef". Irgendwann war es dann soweit, die „Scheer" sollte dann und dann durch die Kieler Schleuse kommen. Ich bin Kielerin, kenne mich gut aus, denn wir wohnten in der Nähe. Also schön gemacht und los! Ich war spät dran, musste rennen, kam zum Schleusenareal, aber wie kommt man ans Schiff ?? Ich sah die „Scheer" – so nah und doch so weit weg. Die Zeit war schon um, würde man auf mich warten? Wie naiv, denn es geht alles nach genauester Uhrzeit, wer zu spät kommt, den bestraft das Leben. Es kam wie es kommen musste, als ich endlich auf der richtigen Seite ankam, war schon Leinen los und das Schiff hatte abgelegt. Die Jungs an Bord hatten mich entdeckt – Gunnar schaute böse auf mich runter – alle lachten und lachten. Ich war über die Maßen traurig und wütend und stampfte wie ein ungezogenes Kind mit dem Fuß auf – brüllendes Gelächter. Mir kamen die Tränen und wie durch einen Schleier erkannte ich Kommandant Wolf: er zuckte nur mit den Schultern, sah aber auch irgendwie entäuscht aus. Die „Scheer" entfernte sich majestätisch in Richtung Brunsbüttelkoog (Nordsee), ich winkte traurig hinterher und hörte sie immer noch lachen. Armer Gunnar, dachte ich – jetzt werden sie ihn veräppeln. Bye-bye, lieber Kommandant Wolf, du wolltest mir eine Freude machen und ich habe es vermasselt. Das ist nun schon so lange her, aber ich habe es nie vergessen.

Bismarck-Hering
Bremerhaven 1961
Von Eberhard Loth (Stoker)

Über die „Scheer" gibt es viele Erinnerungen, die berichtenswert sind. So u.a. die Begegnung mit Leutnant zur See (Lt zS) von Bismarck und Obermaat (OMaat) Hering (Maschinendienst Dampf, MD 41). Zugetragen haben muss sich die Geschichte kurz vor der 2. Indienststellung. – Umbau auf der Seebeck-Werft Bremerhaven 1961-1962 oder danach. Leider kann ich nicht mit Bestimmtheit sagen, ob auf dem Wohnboot im Werfthafen oder an der Zerstörerkaje. Jedenfalls, OMaat Hering war Bootsmaat der Wache (BdW), als v. Bismarck sich mit seinem Namen an Bord meldete und OMaat Hering den seinigen nannte. So gab es ein großes „Hallo" und auf der „Scheer", den „Bismarckhering"! Gäbe es den Namen „Bismarckhering" nicht schon länger, so wäre der Name auf der „Scheer" erfunden worden.

Wenn von Bismarck auf der Brücke die Wache übernahm, sagte Kap'tän Ostrowitzki immer: „Fürst übernehmen Sie !!!"

Die Manöver Wallenstein
1958 bis 1961
Von Manfred Heinken

Unter der Bezeichnung „Wallenstein I bis IV" führte die Bundesmarine von 1958 bis 1961 vier nationale Flottenmanöver durch. Ziel war die Verteidigung der deutschen Ost- und Nordseeküsten gegen feindliche Angriffe seitens der Seestreitkräfte des Warschauer Paktes. An den Manövern nahmen so gut wie alle Schiffstypen teil, wie Zerstörer, Schnellboote, Uboote, Minensucher etc. Die Manöver deckten den Seeraum Nordsee, die Ostseezugänge mit Skagerrak und Kattegatt und die westliche Ostsee ab und wurden vom Flottenchef geleitet.

Wallenstein I :	11. – 30.08.1958
Wallenstein II :	09. – 21.06., 28.06. – 08 .07.1959
Wallenstein III :	30.08. – 08.09.1960
Wallenstein IV :	02.08. – 25.08.1961

Die Schulfregatte „Scheer" nahm an den Flottenmanövern „Wallenstein III" 1960 und 1961 an „Wallenstein IV" teil. Das auch „Wallenstein 61" genannte Seemanöver fand unter der Führung des Befehlshabers der Flotte KAdm Rolf Johannesson auf der SF „Gneisenau" in seinem ersten Teil in der Nordsee und ab 16. August im Skagerrak und der mittleren Ostsee statt. Manfred Heinken berichtet:

Da es sich mehr um eine amphibische Übung handelte, war der Kommandeur der Amphibischen Streitkräfte der Bundesmarine, Kapitän zur See (Kpt zS) Otto Kretschmer, mit seinem Stab auf der „Scheer" eingestiegen. (Kretschmer war im II. Weltkrieg ein sehr erfolgreicher U-Boot-Kommandant.)

Die Wetterlage, mit dem dazugehörigen Seegang, war zur Zeit des Manövers für die Landungsboote und den darauf befindlichen Soldaten vom Heer äußerst unangenehm. Das Manöver endete mit dem Entladen der Soldaten an den Strand von Borkum. An dem Manöver waren Landungsboote, Zerstörer, Schnellboote, Minensuchboote und Marineflieger beteiligt. Die Schiffe liefen fast alle in den Hafen von Borkum ein.

Die Besatzungen ließen dort einfach ihrer Freude freien Lauf. Erinnern kann ich mich an abgehängte Waggons der Inselbahn, an einen Esel, der freudestrahlend mit uns eine Kneipe besuchte – eben ein tolles und wildes Manöverende.

Während dieses Manövers wurden am 13. August wegen des Mauerbaus in Berlin die Bundeswehr, die Marine und ihre Schiffe in Alarmbereitschaft versetzt.

Manöverbeobachter
am Signalscheinwerfer
der SF „Scheer"

Kpt zS Otto Kretschmer
(genannt „Otto der Schweigsame")
verlässt die SF „Scheer".

Das Manöver Wallenstein 61 wurde am 24. August mit einer Flottenparade vor dem scheidenden Befehlshaber der Flotte, der sich auf Zerstörer „Z 6" eingeschifft hatte, beendet. Am 31. August wurde Konteradmiral Rolf Johannesson, der 1918 als Seekadett in die Kaiserliche Marine eingetreten war (Crew 18), mit 61 Jahren in den Ruhestand versetzt. 1989 verfasste er seine Autobiographie unter dem Titel: „Offizier in kritischer Zeit", die vom Deutschen Marine-Institut mit Unterstützung des Militärgeschichtlichen Forschungsamtes beim Verlag Mittler & Sohn in Herford und Bonn herausgegeben wurde.

Das Scheergedicht
1962
Von Klaus Philippi

Ein stählener Rumpf kämpft seinen Weg
durch grobe See und wildes Meer.
An seinem Maste die Flagge weht:
eine Fregatte ist's – die „Scheer".

Die Besatzung stahlhart und fest,
nicht erwarten kann sie die Fahrt.
Wir bleiben nicht in unserem „Nest",
raus aus dem Hafen – es wird hart.

So steht die Besatzung Mann für Mann,
ein jeder auf seinem Posten.
Der Wahlspruch heißt: „Schlag zu, geh' ran !"
und soll's das Leben kosten.

Kommt Ihr auf Urlaub dann nach Fahrtenende
und reicht euren Freunden zum Gruße die Hände,
fragen sie Euch: „Wo kommt Ihr her ?"
Dann antwortet stolz: „Von der Scheer !"

Und fahren wir in die Heimat zurück
nach Hause, weit über das Meer.
Dann geht noch mal zur Flagge der Blick,
zu dir, Schulfregatte „Scheer" !

Abgezeichnet vom Kommandanten KKpt Ostrowitzki

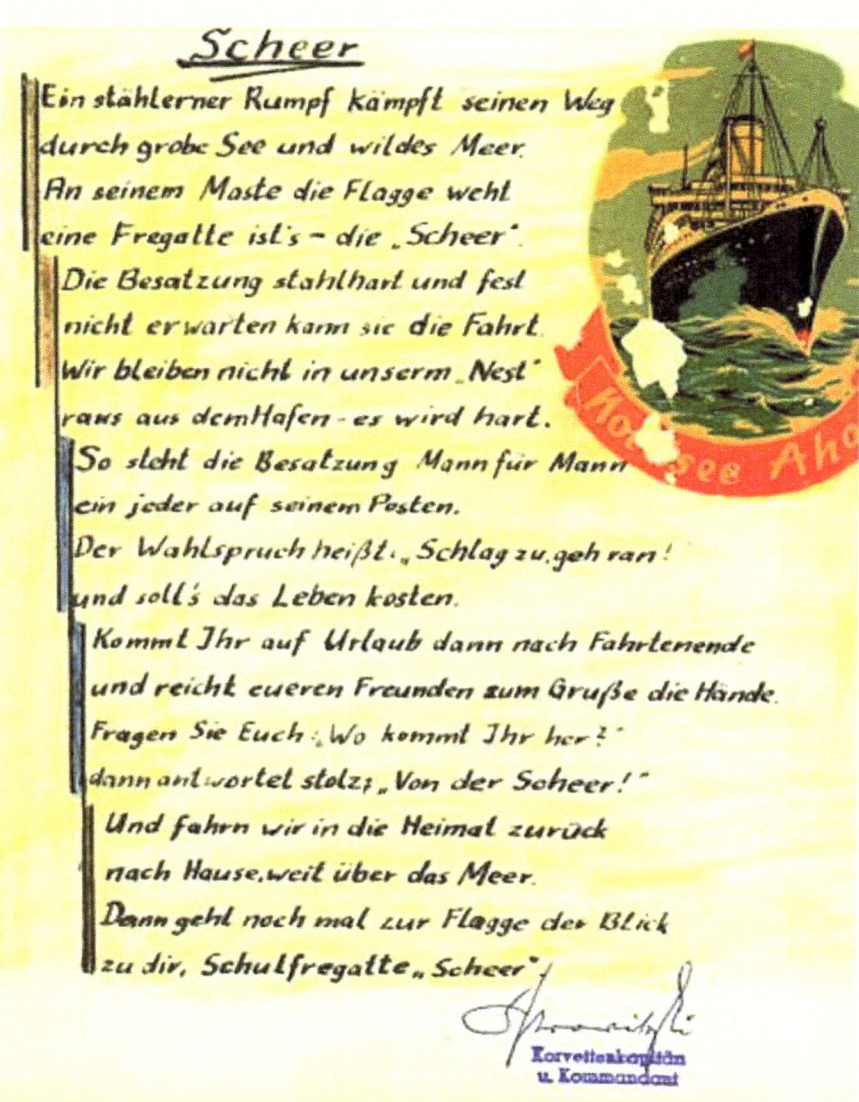

Seegang bei Windstärke 0 !

1962

Von Hans-Peter Weiland (Schwarzfuß)

Ja, das gibt es tatsächlich auf „SF Scheer - F 216". Als Heizer war ich ganz nahe am Tatort. Unsere alte Tante SF „Scheer" hatte mal wieder den Auftrag, vielen Offizieren von Heer und Luftwaffe einen schönen Sonntagsausflug Richtung Helgoland zu bieten. Ich kann mich noch erinnern, dass es geradezu überall vor lauter Sternen und Goldschmuck auf den Uniformen und Schirmmützen geblitzt und geglänzt hat. Es herrschte strahlender Sonnenschein, die See war glatt wie ein Affenar... und keine Welle, natürlich außer unserer strammen Bugwelle, war zu sehen. Als wir aus der Schleuse kamen, ohne Schlepper eine scharfe Kursänderung in Richtung Leuchtturm „Roter Sand" gemacht hatten, standen viele dieser Dienstgrade auf der Schanz und hielten ihre blassen Gesichter in Richtung Sonne. Ich selbst schaute aus unserem Bullauge im kleinen Heizerdeck sehnsüchtig Richtung Bremerhaven zu meiner Lieblingskneipe, der „Hafenschänke", und verfluchte innerlich diese Spazierfahrten, die unser stolzes Schiff wirklich nicht nötig gehabt hätte.

Plötzlich jaulte das Telefon im Heizervorraum und als ich mich meldete, fragte mich unser Kommandant, KKpt Ostrowitzki, ob der Pumpenmeister in der Nähe wäre. Ich bestätigte dies und unser Pumpenmeister bekam den Auftrag, die Stabilisatoren, die unserer „Scheer" ein ruhiges Fahren, auch bei rauher See, ermöglichten von Hand zu steuern, um durch Gegensteuern unserer alten „Scheer" kräftige Schlagseiten zu verschaffen. Gleichzeit kam die Durchsage per Lautsprecher an alle Decks, alles seefest zu verzurren, denn wir hätten mit sehr starkem Seegang in der Deutschen Bucht zu rechnen. Tatsächlich begann unser Dampfer immer mehr zu schaukeln, mal nach Steuerbord, mal nach Backbord, eben so, wie unser Pumpenmeister die Stabilisatoren gerade von Hand regelte. Ich ging ganz schnell nach Achtern und traute meinen Augen nicht, denn die Mehrzahl der eingeschifften Offiziere standen, bei spiegelglatter Oberfläche der Nordsee, an der Reling und kotzten sich mit blassen Nasen die Seele aus dem Leib. Mit einem Blick in Richtung Brückennock, konnte ich den schadenfrohen und verschmitzten Blick unseres Kommandanten erkennen, der sich auf seine Art für diese Ausflugsfahrt gerächt hatte. Übrigens, als ich wieder ins Heizerdeck kam, war mein Kojenzeug total durchnässt, weil sich unser Dampfer so zur Seite geneigt hatte, dass durch das offene Bullauge der blanke Hans ins Deck gelangt ist. Ich glaube aber, dass auch mir diese Rache innerlich gut getan hat. Kurz gesagt, mit diesem Kommandanten machte es unheimlich Spaß, zur See zu fahren.

Tom Dooley
April 1963
Von Klaus Philippi

Am 24.4.1963 im Morgendunst vor Helgoland wurde gegen 4.00 Uhr Tom Dooley an Bord der Schulfregatte „Scheer" erhängt. Alle Kameraden der damaligen Besatzung können sich sicherlich an diesen „Spaß" erinnern. Über die Bordsprechanlage spielte der Song „Hang down the night Tom Dooley".

Anmerkung: Der Song „Hang down your head Tom Dooley" wurde wenige Jahre vorher im Jahre 1958 durch „The Kingston Trio" bekannt, die einen bekannten Folksong darboten. Hintergrund ist die vermutliche Ermordung von Laura Foster 1865 durch Thomas C. Dula, der seine Unschuld beteuernd trotzdem für den Mord gehängt wurde.

Hang down your head, Tom Dooley
Hang down your head and cry
Hang down your head, Tom Dooley
Poor boy, you're bound to die

I met her on the mountain,
there I took her life
Met her on the mountain,
stabbed her with my knife

Hang down your head, Tom Dooley
Hang down your head and cry *(ah-uh-eye)*
Hang down your head, Tom Dooley
Poor boy, you're bound to die

This time tomorrow reckon where I'll be
Hadn't-a been for Grayson, I'd-a been in Tennessee
(well now, boy)

Hang down *(your head) your head (Dooley)* and cry
Hang down your head and cry *(ah poor boy, ah well-ah)*
Hang down *(your head) your head (Dooley)* and cry
Poor boy, you're bound to die *(ah well now boy)*

Hang down *(your head) your head (Dooley)* and cry
Hang down your head and cry *(ah poor boy, ah well-ah)*
Hang down *(your head) your head (Dooley)* and cry
Poor boy, you're bound to die

This time tomorrow reckon where I'll be
Down in some lonesome valley hangin' from a
white oak tree

Photos :
Klaus Philippi

Mittelmeerreise
Mai 1963
Gezeichnet und getextet von Klaus Philippi

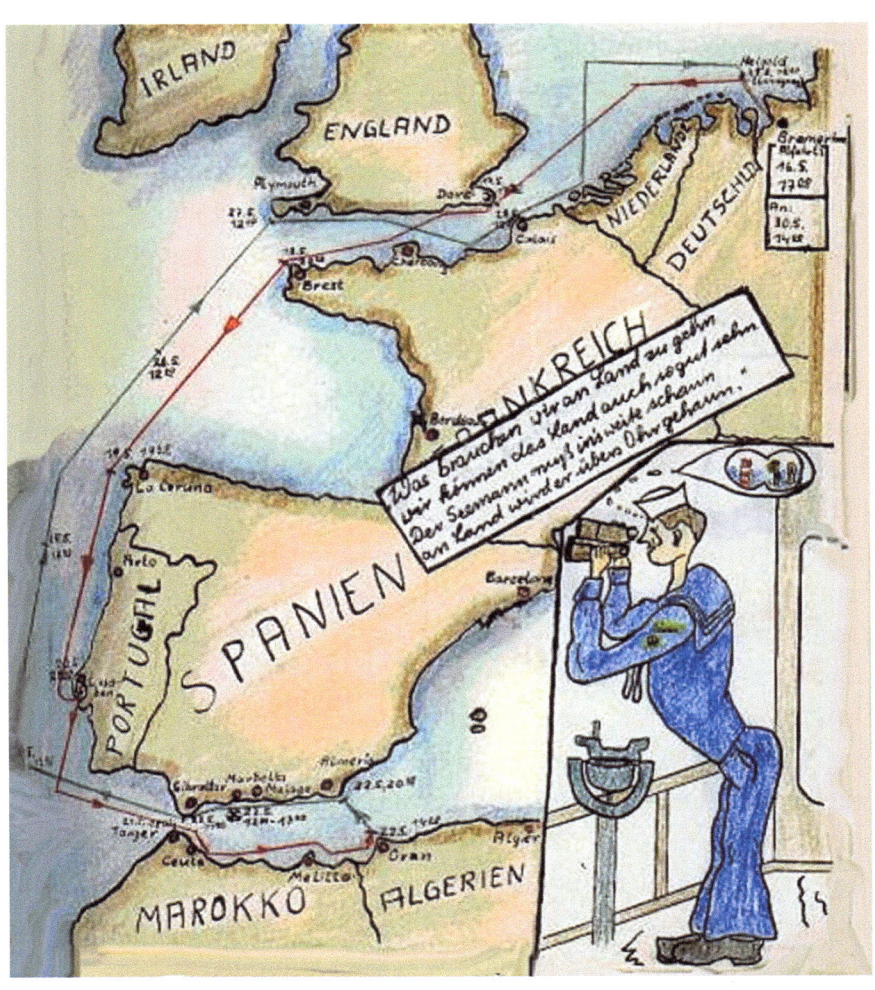

Was brauchen wir an Land zu gehen.
Wir können das Land auch so gut sehen.
Der Seemann muss ins Weite schau'n,
an Land wird er über's Ohr gehau'n.

Tag der Flotte
Travemünde, Samstag der 16. Juli 1963
Von Dieter K. Piost

Es ist kurz wie der Blitz, aber die Erinnerung ist oft unvergänglich! Tag der Flotte, Tag der offenen Tür, mit Besichtigung durch die Bevölkerung, hauptsächlich bestand diese aus Urlaubern, voran weiblichen Geschlechtes, das Wetter schön und warm und manch einer mag sich gerne hieran erinnern. Leider liefen wir am Sonntag den 17. Juni nach Kiel aus, da unser Auftreten gegenüber unseren Landsleuten auf dem anderen Ufer der Trave nicht zumutbar war. Kommentar KKpt Ostrowitzki und das sollte schon was heißen!

Auf Grund des Besucherstromes wurde auch unser Smutje Obermaat Hein Albers als Fremdenführer verpflichtet. Er führte eine mit VW Bully angereiste bayerische Trachtengruppe, mit blauweißkarierter Fahne durch und über das Schiff. Bei seiner Visite im Turbinenraum erklärte er die Schiffstechnik zu unserem Erstaunen mit den Worten: „Meine Damen, meine Herren, hier befinden Sie sich im Maschinenraum, dort die Backbord-, da die Steuerbord-Turbine, aber was soll ich Ihnen das erklären, Sie verstehen das ja doch nicht!" Beim Rundgang über Oberdeck fragte ein kleiner, untersetzter mit Sepplhose bekleideter, schnurrbarttragender Bajuware, was sich denn im oberen Mast ewig drehte und nie stillstand!? Da unser Smut das selber nicht wusste, überhörte er die Frage. Er hatte aber nicht mit der Hartnäckigkeit des Bayern gerechnet, der bei der weiteren Besichtigunge keine Ruhe ließ. So erklärte Hein Albers dann: „Hier handelt es sich um den Wind-Antrieb, der mittels einer biegsamen Welle, geführt durch den Mast, das fest installierte Mahlwerk der Kaffeemaschine betätige, um so die nötige Menge Kaffee zu mahlen." Beindruckt von der Technik und dem Wissen kam dann zum Abschluss die Frage: „Sagen‘s mal, Herr Obermaat, was machen‘s dann, wenn koa

Wind net weht?" Lakonisch kam von Hein Albers die Antwort: „Dann trinken wir Tee!" Wir waren schon damals nicht auf den Mund gefallen.

Kissing the Blarney Stone
August 1963
Von Jürgen Schiffmann

Auslandsreise nach Cork/Irland. Ausflug zum Blarney Castle – Schloss des Geschwätzes. In der Sage heißt es: Kissing the Blarney Stone und Du wirst redegewandt. Da wir ja alle Schnacker (hochdeutsch Redner) waren, wollten wir noch besser schnacken können, also nichts wie hin zum Castle, hin zum Stein. Dort oben angekommen sahen wir, oh Schreck, an unserem besagten Stein lutschten kopfüber von Helfern gehalten „ältere Damen". Jetzt war nichts mehr mit Steinküssen, keiner wollte mehr der Oberschnacker werden. Aber die netten irischen Leute und die wunderschöne irische Landschaft hat uns diesen Ausflug trotzdem zum Erlebnis werden lassen. Wir hatten alle unseren Spaß und der Stein wird immer in unserem Gedächtnis bleiben.

Eine Fast-Katastrophe
August 1963
Von Ludolf Richter

Auf einer Ausbildungsfahrt fuhren wir durch den Pentland Firth (Seegebiet zwischen der Nordküste Schottlands und den Orkneyinseln) bei achterlicher See und kurzen kräftigen Wellen. Ich hatte mich inzwischen als WO an den Rhythmus gewöhnt: das Schiff tauchte mit den Bug in die See ein, wobei er in der Gischt für kurze Zeit nicht mehr zu sehen war, dann richtete sich der Bug langsam wieder auf. Wegen der achterlichen See war das Schiff nur schwer zu steuern, wie mir der Rudergänger (Scherer) laufend versicherte. Plötzlich hatte ich das Gefühl, dass etwas nicht stimmt! Der Bug kam nicht, wie sonst, aus der See heraus. Halb im Unterbewusstsein gab ich das Kommando „AK zurück" [Alle Kraft zurück!]. Das Maschinenpersonal auf Wache muss den WO wohl für verrückt gehalten haben, im freien Seeraum „AK zurück" zu geben. Das Ergebnis war, der Bug kam langsam wieder heraus. Wahrscheinlich hatte ich mich im Unterbewusstsein an die Gespräche mit Wissenschaftlern der Schiffbauversuchsanstalt anlässlich der Sturmerprobung auf der „Köln" erinnert. Sie hatten erklärt, dass ein Schiff (bei ausreichend metazentrischer Höhe; ich möchte dies hier nicht weiter erläutern), dessen Ladung (im Falle von Handelsschiffen) nicht verrutscht sei und das keinen Wassereinbruch zu verzeichnen habe, normal nur bei achterlicher See sinken könne. Dazu muss die Schiffslänge und die Wellenlänge in einem bestimmten Verhältnis stehen, sodass eine Folgewelle das Schiff trifft, während es sich noch nicht wieder aufgerichtet hat. Dies sei vermutlich auch eine Erklärung für viele Schiffsverluste, auch im Pentlandfirth, wo es kein SOS gegeben hatte. Nachdem der Kommandant unterrichtet war, haben wir den Kurs geändert. Mir ist heute noch mulmig, wenn ich an diesen Vorfall denke!

Sowas kommt nie wieder
September 1963
Von Hans-Peter Weiland

Es war ein schöner Sonntagabend im Herbst 1963 in Bremerhaven. Die SF „Scheer" kam mal, wie so oft, wieder von einem Wochenendtrip nach Helgoland, in den Kaiserhafen durch die Schleuse am Kolumbuskai zurück. Nach dem Festmachen hatte die E-Mixerei [die Elektrotechniker] die Aufgabe, den Landanschluß herzustellen, damit die Dieseljockel endlich abgestellt werden konnten. Jeden zog es wie magnetisiert an Land, um doch noch etwas von diesem kurzen Wochenende zu haben. Auch mich packte das Heimweh in eine Kneipe; es war, so glaube ich mich noch erinnern zu können, die Eckkneipe „Willis Inn", in der Kaiserstraße, die bekannt war für ihre hervorragend gebratenen Hähnchen. Übrigens, man konnte dort auch noch anschreiben lassen! So hatte ich mich gerade in 1. Geige an der Zivilwache, kurz vor unserem Anlegeplatz, vorbeigeschlichen, als plötzlich ein alter, blauer 12 M Ford, der mit der Erdkugel im Kühlergrill, stoppte und unser Kommandant KKpt Ostrowitzki mich fragte: „Na, wo geht`s hin,`Schwarzfuß'?" Ich antwortete ganz erstaunt: „Einen trinken, Herr Kapitän!" Worauf er sagte: „Da gehe ich gerade auch hin, willst Du mitfahren?" So kam es, dass damals ein ganz stolzer Obergefreiter mit dem Kommandanten, mit vielen Kolbenringen am Ärmel, in die beschriebene Kneipe einmarschieren konnte. Er hat auch ein halbes Hähnchen gegessen und ein kühles Pils getrunken. Ganz besonders stolz war ich darauf, als er die Zeche auch noch bezahlt hat. Man braucht sich also nicht zu wundern, dass dieser Kommandant unheimlich beliebt bei der ganzen „Scheer"-Besatzung war. Ich bezweifle, ob so etwas in unserer heutigen Zeit, in dieser Art, überhaupt noch möglich ist. Auf jeden Fall wären wir für unseren KKpt Ostrowitzki sogar durch`s Feuer gegangen. Kurz gesagt: Unvergesslich ! !

Salomonisches Urteil
1963
Von Heinz-Werner Sass

Es war mal wieder Reinschiff angesagt und die Decks sollten aufgeklart werden. Wir lagen am Zerstörerpier und im großen Heizerdeck war plötzlich großer Terror und lautes Gedöhns. Was war passiert? Nun, ich kann mich noch an den Schwarzfuß „Carlo" erinnern. Er war, wie man sagte, immer schon ein etwas vergammeltes Päckchen. Beim Reinschiff sagte ihm der Decksälteste, er soll seine stinkigen Stiefel aufräumen. Dieser mehrmaligen Aufforderung kam Carlo nicht nach, darauf sagte ihm der Decksälteste, wenn er seine Stiefel suchen wolle, soll er mal aus dem Bulleye schauen. Carlo fegte zum Bulleye und sah, wie seine Stiefel im Hafenwasser ganz langsam achteraus schwammen. Er, wie ein geölter Blitz, nichts wie raus und an Oberdeck gerast, um das Schlauchboot ins Wasser lassen zu können. Er paddelte wie wild, doch leider ca. 5 Meter vor den Stiefeln, rauschten diese auf Nimmerwiedersehen ab in die Tiefe. Carlo, unheimlich sauer, machte darauf sofort Meldung beim Kommandanten. Das damals salamonische Urteil des KKpt Ostrowitzki: Er sehe von einer Diszi ab, wenn Carlo die Stiefel bezahlen würde und 50 DM an die Gesellschaft zur Rettung Schiffbrüchiger überweisen würde. Dies sei eine Wiedergutmachung wegen unkameradschaftlichen Verhaltens! Übrigens: Carlo hat nie wieder seine Stiefel rumgammeln

lassen! Die Bulleyes waren schon eine feine Sache, mal Butter, mal Stiefel und im Hafen war so ein Bulleye, damals war man noch schlanker, eine gute Gelegenheit, an der Wache vorbei abzuhauen, wenn das Schiff nicht zu weit von der Pier weg war. Da konnten die Seeziegen auf der Stelling noch so gut aufpassen, oder sie waren eben gute Kameraden, sie wollten es einfach nicht sehen. So geschehen 1963 an Bord der „SF Scheer".

56

Navigationsbelehrungsfahrten
April 1964 und 1965
Von N.N.

Zweimal habe ich mit der „Scheer" an der sogenannten „Navigationsbelehrungsfahrt in Dänischen Gewässern" teilgenommen, bei der jeweils der Marinehörsaal der Führungsakademie in Blankenese eingeschifft war, einmal unter FltlAdm Kemnade, dem früheren Kommandeur der Schnellbootflottille, und einmal unter Kpt zS Hanno Krieg, meinem ehemaligen Kommandanten auf der „Emden". Vom Aufenhalt in Korsör erinnere ich mich noch gut an unser „kriminelles" Ablegemanöver ohne Schlepperhilfe und an Aarhus daran, dass anschließend alle Decks voll mit Pornomagazinen waren.

Bei einer dieser Fahrten war ein dänischer Verbindungsoffizier eingeschifft, der stotterte. Als er sich stotternd einem norwegischen Lehrgangteilnehmer der Führungsakademie (FüAk) mit „Bbb Borgersen" vorstellte, glaubte dieser an einen Scherz und stellte sich, auch stotternd, mit „Bbb Baundsö" vor – wie peinlich!

Auf einer der Fahrten bat mich ein Lehrgangteilnehmer namens Ehrhardt (Sohn des seinerzeitigen Admirals Marineausbildung und späteren Sicherheitsbeauftragten der Stülcken-Werft in Hamburg und selbst später Admiral) auf meiner Wache während der nächtlichen Fahrt an Kopenhagen vorbei, ob er Ruder gehen dürfe. Ich ließ ihn und er machte seine Sache genauso gut wie mein Obergefreiter Scherer und wiederholte dabei jeden Befehl wie ein Mannschaftsdienstgrad. Leider bin ich später nicht in den Genuss einer solchen Navigationsbelehrungsfahrt als Lehrgangteilnehmer gekommen. Obwohl ich mich auf dem Stabsoffizierslehrgang für die Führungsakademie qualifiziert hatte, kam ich nicht hin, da ich aus familiären Gründen nicht mehr versetzungsfähig war.

Kursänderung in letzter Minute
April 1964
Von Ottomar Steffan

Nato-Treffen in der Bucht von Haakonsvern. Nach Ende des Treffens sprach mich ein norwegischer Minensuchboots-Kommandant an und empfahl mir u.a. bei der Ausfahrt aus dem Fjord einfach hinter ihm herzufahren, er kenne die Fahrrinne im Schlaf. Also Rudergänger: „Kurs Kielwasser bzw. Hecklicht norwegischer Minensucher voraus!" Nach wenigen Minuten kam der Steuermann der Wache Heidenreich aus dem Kartenhaus und sagte: „Herr Kap'tän, wenn wir so weiterfahren, laufen wir in wenigen Minuten auf Grund, die Norweger haben wohl nicht bedacht, dass wir viel mehr Tiefgang haben als ihre Boote!" So hat der aufmerksame Oberbootsmann Heidenreich nicht nur Schiff und Besatzung vor einer großen Katastrophe bewahrt, sondern er war somit auch Schuld, dass ich weiterhin Kommandant der „Scheer" blieb. Ich bin ihm heute noch dankbar.

Die Z-Flottillen-Arche
April/Mai 1964
Von Hans-Peter Hansen

Bevor das Manöver „Bright Horizon" vom 25. April bis 9. Mai 1964 stattfand, stieg der Kommandeur der Zerstörerflottille Kpt zS Günter Kuhnke allein an Bord der „Scheer" ein, um das Schiff auf seine Tauglichkeit als Führungsschiff im Manöver zu beurteilen. Hans-Peter Hansen, der damalige Schiffstechnische Offizier (STO) der Schulfregatte, berichtet:

Einmal fuhren wir Manöver zur Erprobung, ob dieses Super-Radarschiff tatsächlich als Arche der Zerstörerflottille (Z-Fltl) geeignet sei. Dabei hatten wir bei schwerer See einmal Schlagseite von 48 Grad. Der Kommandeur (Kdr) der Z-Fltl Kpt zS Kuhnke verlangte von mir, die Wechselbunker zu fluten. Ich lehnte ab, weil ich schon einmal die Dauer der Reinigungsarbeiten erlebt hatte. Die Feuerlöschschläuche waren natürlich angeschlagen und unter Druck.

Ich war selten auf der Brücke. Aber kaum hatte ich den Kdr Z-Fltl beruhigend informiert, erschien der Rechnungsführer auf der Brücke. Er hatte vom Navigationsmeister erfahren, dass wir in wenigen Minuten den 60. Breitengrad überschreiten würden. Er erklärte dem Kommandanten, dass dann die erhöhte Bordzulage für diesen Tag verloren ginge. Das Schiff müsste bis 12:00 Uhr nördlich dieser Linie bleiben, dann gilt die Zulage für den ganzen Tag. Kpt zS Kuhnke, der die Meldung mit angehört hatte, reagierte sofort: „Na gut, dann fahren wir eben nach Weisung Rechnungsführer". Der Kurs wurde geändert.

Günter Kuhnke (1912-1990) diente nach seiner Bordausbildung in der Reichsmarine als Divisionsleutnant auf dem Panzerschiff „Admiral Scheer", wo er am 1. Januar 1935 zum Oberfähnrich zur See und am 1. April zum Leutnant zur See befördert wurde. Am 30. September 1935 wechselte er zur U-Boot-Waffe.

An dem Bericht oben wird deutlich, wo die Befehlsbefugnis von nicht zur Besatzung gehörenden Dienstgraden endet. Für die seemännische Führung des Schiffes ist allein der Kommandant mit seinen Offizieren verantwortlich und auch dem STO konnte ein zugestiegener Dienstgrad nichts befehlen.

Die „Scheer" wurde für geeignet befunden und Kpt zS Kuhnke stieg für das Manöver „Bright Horizon" als Officer Tactical Command (OTC) mit dem Stab des Kommandos der Zerstörer in Stärke von 43 Mann an Bord ein. Die Besatzung empfand diese Vielzahl an „Badegästen" so, als ob man die Schulfregatte zur „Arche" der Zerstörerflottille bestimmt hätte. Das Manöver fand vor der Westküste Norwegens statt.

Während des Manövers wurde am 27. April im Marinehafen Haakonsvern festgemacht und es gab sogar Landgang. Der konnte noch am Vortag und am Feiertag des 1. Mais wiederholt werden, da die Schulfregatte auch an diesen Tagen Hafenliegezeit hatte.

Am 2. Mai weilte von 19:21 – 21:02 Uhr Vizeadmiral Wegener an Bord. Edward Wegener (1912-1990) war der Befehlshaber Seestreitkräfte im NATO-Kommando Ostseezugänge, der Commander Allied Naval Forces Baltic Approaches (COMNAVBALTAP) und saß im Allied Command Baltic Approaches (ACBA) in Karup, Dänemark.

Nach einem weiteren Hafenliegetag in Haakonsvern am 3. Mai begab sich die „Scheer" vom 5. bis 7. Mai auf Konvoifahrt, wobei sie am 7. Mai von 15:14 – 18:58 Uhr in Stavanger fest machte.

Am 9. Mai war das Manöver beendet und die „Scheer" konnte wieder in ihrem Heimathafen Bremerhaven festmachen.

Ein versteckter Hafen : Glengarriff
Juni 1964
Von Hans-Peter Hansen

Mit einem F 3- und einem F 2-Lehrgang in der Ausbildung zum Stabsbootsmann, bzw. Bootsmann der Fachrichtung Seemännischer Dienst, Navigation (SN 12), wurde vom 1. bis zum 12. Juni 1964 eine Ausbildungsreise nach Irland durchgeführt. Dabei fand vom 4. bis 8. Juni der offizielle Besuch der irischen Hafenstadt Glengarriff statt. Hansen vermerkt:

Der Besuch fand statt auf Einladung einer unbekannten Gemein-de hinter einem langen Fjord versteckt in Irland. Der Obersteuermann suchte Glengarriff drei Tage lang auf der Karte.

Glengarriff Harbour

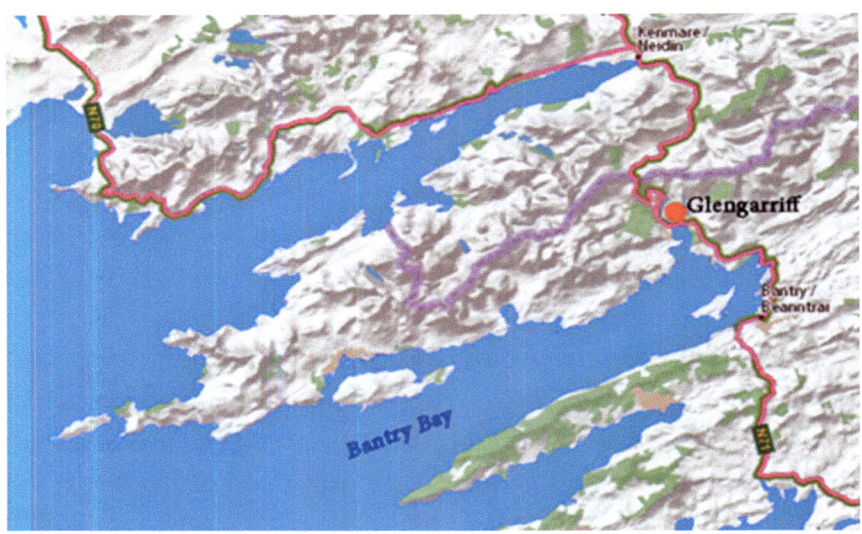

Bantry Bay mit Glengarriff in Südwest-Irland

Einen Hafen weist die Gemeinde nicht auf. Deshalb musste die „Scheer" auf Reede liegen. Die Wikipedia gibt an: Glengarriff (irisch: *An Gleann Garbh*, „das raue Tal") ist ein Ort mit ungefähr 130 Einwohnern (2016) im südwestlichen Gebiet der Grafschaft County Cork. Er liegt an einer geschützten Bucht und ist umgeben von hohen Bergen.

In ihrem Landschaftsbuch „Irland" schreibt Margit Wagner:
In Glengarriff – am Fuße hoher Berge, am Ufer der Bantry Bay – fällt es schwer, sich vorzustellen, dass man in einem nördlichen Lande ist. [...] Dieser Ort im äußersten Südwesten Irlands ist so sehr der feuchten Wärme des Golfstromes preisgegeben, dass eine südlich-üppige, ja tropische Vegetation seine Hänge bedeckt, hinabsteigend zu einer Bucht, die an stillen Abenden perlmuttfarben schimmert und doch ein Blau in sich bewahrt, das aus großen Tiefen zu kommen scheint. In Glengarriff kann man den Kuckuck rufen hören und unter Palmen gehen; die leuchtenden Wände mannshoher Fuchsienhecken säumen jeden Weg und jede Straße. [Irland, S. 183, 35])

Zum Besuch in Glengarriff berichtet Hansen:
Nach dem Ankern holte unser Kutter die örtliche Prominenz in Gestalt des Ortsvorstehers und des Priesters an Bord. Beim Gespräch in der Offiziersmesse merkten wir schnell, dass der Priester in dieser Gemeinde das Sagen hatte. Und der Besuch einer deutschen Schulfregatte in dieser kleinen Gemeinde war offensichtlich auch von ihm eingefädelt worden.

Zum Ereignistag, einem Sonntag, lud uns der Priester zum Gottesdienst ein. Die wachfreien Offiziere folgten artig dieser Einladung. Danach gab es nachmittags eine Ruderregatta und eine Party für geladene Gäste an Bord – der Alkoholverbrauch war beachtlich. Dabei erschien auch eine deutsche Familie, die in der Nähe einen Bauernhof betrieb.

Als weiteres Schiff war ein Schlepper, ein Leuchtturmversorger, erschienen. Fast hätten wir zum Auslaufen seine Hilfe in Anspruch nehmen müssen. Gegen vier Uhr morgens weckte mich der I WO KptLt Büsing: „Wir liegen gleich fest! Wir brauchen den Antrieb!" Ohne Alarm weckte ich den Kesselmaat und den Turbinenmeister, die mit ein paar Mann die Antriebsanlage hochfuhren. Beim Anfahren konnte ich hören, wie die Propeller im Sand knirschten. Doch das ganze Unternehmen verlief fast lautlos und die übrige Besatzung hat davon nichts mitbekommen.

Nordmeerfahrt
August 1964
Von Hans-Peter Hansen

Vom 10. bis 22. August unternahm die „Scheer" wieder eine Ausbildungsreise, diesmal entlang der norwegischen Küste bis nach Tromsø, der größten Stadt Nordnorwegens. Dabei überquerte sie am 13. August den nördlichen Polarkreis und es wurden alle Polarneulinge getauft. Den Meeresgott Neptun unterstützte als Triton der Polarkaleu Waegmann, seines Zeichens I WO.

In Tromsø lag die Schulfregatte für drei Tage vom 15. bis 17. am Liegeplatz „Dampskipskaia", dem „Dampfschiffs-Kai", mit Blick auf Stadt und die imposante hohe Tromsøbrua, die Tromsø-Brücke, die das Zentrum der Stadt auf der Insel Tromsøya über den Tromsøysund mit dem Festland verbindet.

Während des Anlegemanövers in Tromsø fand eine antideutsche Demonstration statt. Aus einem privaten Auto wurde ein auf eine Pappe gemaltes Hakenkreuz aus dem Fenster geworfen. Der Wagen fuhr dann rasant ab. Die Aktion löste bei der Bevölkerung Kopfschütteln und Protest aus. Auf dieser Fahrt war der Historiker Fregattenkapitän d.R. Professor Dr.phil. Walther Hubatsch an

Bord, der in seiner Schrift „Weserübung" die deutsche Besetzung von Dänemark und Norwegen 1940 nach amtlichen Unterlagen

Blick von der „Scheer" auf die Tromsøbrua

zusammengestellt hatte (Göttingen 1952).

Reise zum Nordkap
August 1964
Von Armin Strüder

Im August 1964 war es wieder mal so weit. An Bord wurde ge-tuschelt, wir gehen bald auf Auslandsreise. Schließlich waren wir alle gespannt, wohin die Reise uns diesmal bringen würde. Wie wir von unseren Kameraden der funkenden Zunft erfuhren, sollte die Reise Richtung Nordkap gehen. Ja, eigentlich hatten wir uns riesig gefreut, mal im Nordatlantik zu fahren als immer nur nach Helgoland. Dann ging es endlich los. Der Hafenverschlusszustand wurde überprüft und wir fuhren raus auf die Weser. Der Leucht-turm „Roter Sand" an Steuerbordseite verneigte sich ehrfurchtsvoll vor unserer „alten Lady" als wollte er sagen: „Na, wieder mal nach Helgoland?" Nein, wir hatten etwas Größeres vor. Das Nordkap war schon für uns ein Begriff, aber sollte es nur eine Seefahrt werden? Nachdem der Seeverschlusszustand hergestellt worden war, ging es zunächst auf die Nordsee Richtung Südwestnorwegen, vorbei an Stavanger, Bergen, Trondheim – um hier die bekanntesten und größten Städte der norwegischen Westküste zu benennen.

Im Grunde genommen war es eine Reise wie jede andere zuvor, bis uns eines Nachts der Nebel überraschte und wir uns urplötzlich auf Schleichfahrt befanden. Die Wachen wurden verstärkt, die Radarmixer waren gefordert und auf dem Vordeck wurde zusätzlich eine Zusatzwache eingesetzt. Diese hatte die Aufgabe, in gewissen Abständen die Schiffsglocke zu betätigen, um andere Schiffe vor Kollissionen zu warnen. Ja, es war schon sehr abenteuerlich und es herrschte eine gespenstische Ruhe an Bord. Für uns junge Seelords war es eine Fahrt ins Ungewisse. Doch es ging alles gut, der Nebel verschwand und manchem fiel ein Stein vom Herzen.

Wir erreichten den nördlichen Polarkreis, denn ab hier begann das Reich der Mitternachtssonne. Die Polarkreise liegen auf 66,56 Grad nördlicher sowie südlicher Breite. Ungefähr in der Nähe der Stadt „Moirana". Beim Überschreiten des nördlichen Polarkreises 11 Grad 47 östlicher Länge wurden im Tomfjorden die Anker geworfen. Uns Seelords erwartete das Ereignis, über das wir schon viel gehört hatten. Die „Polartaufe". Am 13.08.1964 um 2:25 Uhr GMT [Greenwich Mean Time] wurde durch die Meeresgötter Neptun und Triton und ihren Gehilfen die Polartaufe durchgeführt. Wir wussten nicht, was uns erwartete. Zunächst versammelten wir uns auf der Schanz und die, die noch nicht getauft waren, wurden aufgerufen. Als erstes mussten wir durch einen Schlauch kriechen, der von vorn und achtern mit Wasser eingespeist wurde und zwar mit C-Schläuchen. Das war die erste Tortur, die wir halb ertrunken überstanden hatten. Dann gab es einen großen Eiswürfel, der in Maschinenöl eingetaucht wurde und in Sägemehl gerollt wurde.

TAUFSCHEIN

Wir, Neptun, Gott des Wassers, Herrscher über alle Meere, Seen, Flüsse, Tümpel, Moraste und Pfützen, tun hiermit kund, daß der

Lt.z.S. Hansen

zum *1.* Male den nördlichen Polarkreis überschritten hat und von uns mit der Polartaufe versehen ward.

Nördl. Polarkreis 11° 47' östl. Länge den 13. 8. 64 , 02,25 Uhr GMT

Nordmeer-Kmdt.
K-Kpt.

Steffan

Neptun
Meeresgott

Triton
Polarkaleu

Dieser Eiswürfel musste so lange im Mund bleiben, bis er gänzlich geschmolzen war. Ausspucken gab es nicht, es war genug Ersatz da. Um keine Schluckbeschwerden zu bekommen, wurde mit einem Bierglas voll warmem Dornkaat nachgeholfen. Spätestens hier war das erste Kotzen angesagt. Weiter ging es in die Prügelstraße: zwei Reihen Lords, die sich gegenüber standen, bewaffnet mit allerlei Schlagwerkzeugen. Diese Straße musste durchschritten werden, was natürlich nicht ohne Blessuren blieb. Doch die Meeresgötter kannten keine Gnade. Wir entledigten uns unserer Takelpäckchen, legten uns auf den Schanzboden, wurden mit Maschinenöl ganzkörpermäßig eingeschmiert. So konnten wir ja nicht rumlaufen, das Zeug musste wieder runter. Also wurden die Leiber mit P3 eingestreut. Mit Salzwasser und den härtesten Schrubbern, die es an Bord gab, wurde das Öl vom Körper entfernt. Denke, das war schon eine unangenehme Sache, an die wir noch länger denken sollten.

Zunächst ging die Fahrt weiter, wir ließen die Inselgruppe der Lofoten an Backbord liegen und fuhren in den Vestfjorden, weiter durch den Tjeldsundet an Harstad (eine der größeren Städte) vorbei nach Tromsö. Wir freuten uns schon auf Landgang in Tromsö, denn es war eine etwas größere und lebendige Stadt. Nach all dem, was wir mitgemacht hatten, hatten wir auch diesen Landgang verdient. Doch so ganz spurlos war die Polartaufe nicht an uns vorüber gegangen. Denn es zeigten sich am Körper und im Gesicht die ersten Ausschläge. Hier waren der Rat und die Mittelchen unseres Sanis gefragt. Doch mit reinem Alkohol konnten wir die Blessuren bekämpfen, der Landgang war gerettet. Probeweise hatten unsere Signäler mal Quebec Quebec (Quarantäne an Bord) gesetzt, wir wussten ja nicht, was uns in Tromsö erwartete. Beim Anlegen an die Pier hatten wir mehrere Schaulustige festgestellt, unter anderem aber auch Naziparolen, die mit Kreide auf die Pier gemalt waren. Toller Empfang.

Dann passierte beim Anlegen auch noch ein Malheur, die Stahltrosse auf der Schanz fiel aus unbekannten Gründen ins Wasser und wickelte sich um die Steuerbordschraube. Schon kam über die Befehls-Übermittlungs-Anlage (BÜ) die Meldung von der Brücke, ein Taucher sollte runter und sich den Schaden ansehen. Wir steckten unseren Bordtaucher Norbert Bayard in den Anzug, drehten ihm die große Taucherglocke auf den Kopf und ließen ihn langsam und vorsichtig über die Jakobsleiter ins Wasser. Tatsächlich hatte sich die Stahltrosse um die Schraube gewickelt. Ohne Reparatur war an eine Weiterfahrt nicht zu denken.

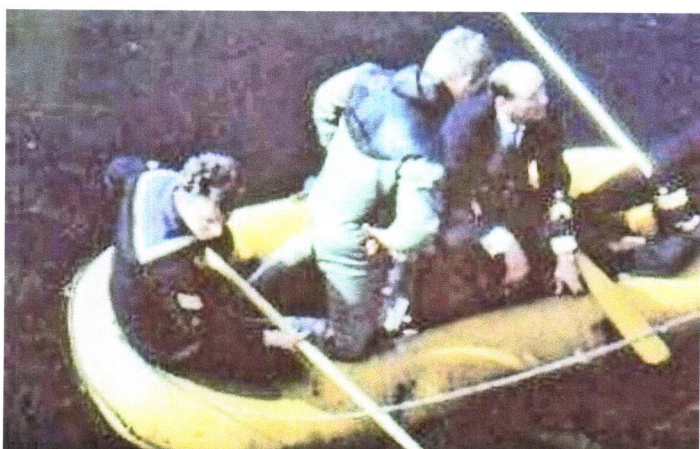

Der Bordtaucher vor dem Tauchgang zur Schraube

Die Reparatur nahm drei Tage in Anspruch und wir waren die Glücklichsten. Denn das hieß neben der Wache auch Landgang. Wir lernten Land und Leute kennen und fuhren mit Taxis bis hinauf ins Zeltlager der Lappen. Unsere Unternehmungen bezahlten wir mit Zigaretten und mit von Bord geschmuggeltem Whiskey. Alkohol und Zigaretten waren Artikel, die es in Norwegen nicht in diesem Sinne gab, aber wir konnten im Zuge der Gastfreundschaft aushelfen. Es wurde unser beliebtestes Zahlungsmittel. Ja, es waren schon schöne Tage, die wir mit Angeln verbrachten. So viele

Fische, die wir gefangen hatten, machten den Smutjes echtes Kopfzerbrechen. Hier war die Kombüse gefragt und es gab ein paar Tage hintereinander nur Fisch. Für uns eine abwechslungsreiche Verpflegung. Unvorstellbar war, was wir alles gefangen hatten, um die hungrigen Mäuler einer so großen Besatzung zu stopfen.

Wir verließen Tromsö mit halber Kraft, da die Steuerbordschraube doch einen Schaden abbekommen hatte. Danach ging es weiter durch den Grøtsundset und in den Sørøysundet, wo wir Hammerfest einen kleinen Hafenbesuch abstatteten, weiter an malerischen Inseln und Inselgruppen vorbei, um endlich nach atemberaubender schöner Fahrt das Nordkap zu erreichen. Beeindruckend war die Mitternachtssonne, wir hatten gar kein Interesse, in die Kojen zu gehen. Wir hielten uns so lange an Oberdeck auf, bis uns die Klüsen zu fielen. Wann würden wir dies wieder einmal erleben? Es war für uns junge Seelords ein Abenteuer, so wie wir es uns vorgestellt hatten. Doch jede schöne Reise geht einmal zu Ende, so auch diese Reise zum Nordkap, die viele positive Eindrücke bei uns hinterlassen hatte. Nach mehreren Tagen erreichten wir wieder Bremerhaven, wo es sofort ins Dock ging, um die Blessuren der „alten Lady" behandeln zu lassen.

SF „Scheer"im Dock. Schrauben und Ruderblatt

Eins möchte ich zum Abschluss sagen, es war meine schönste Reise mit der „Scheer".

Pottwalzähne – Elfenbein des Nordens.
August 1964
Von Jürgen Rathmer

Zu der spannenden und farbenfrohen Geschichte von Armin Strüder über die Nordlandreise möchte ich etwas hinzufügen: am Tag, an dem sich die Stahltrosse an der Pier von Tromsö um die Schraube der „Scheer" wickelte, war ich einer der Glücklichen, die Landgang hatten. Den wollte ich nutzen, um Land und Leute näher kennen zu lernen und die Umgebung zu erkunden. Nach kurzem Fußmarsch erreichte ich eine Walfangstation in einer malerischen Bucht. Links neben einer Betonschräge, die ins Wasser führte und wohl zum Bergen der erlegten Wale diente, lag ein großer Berg von Walbarten. Das sind die schwarzgrauen Hornplatten im Maul des Bartenwals, mit denen er kleine Lebewesen aus dem Wasser filtert. Ein Fischer, der mich wohl beobachtet hatte, sprach mich an, fragte nach meiner Nationalität und bat um eine Zigarrette. Nachdem wir eine ganze Weile mehr schlecht als recht versuchten, uns zu verständigen, bat er mich ins Haus und zeigte mir eine große Holztruhe. Er öffnete sie und ich traute meinen Augen nicht: die Truhe war randvoll mit 10-15 cm großen, cremig-weiß glänzenden Pottwalzähnen, dem Elfenbein des Nordens, aus dem die Lappen und Eskimos ihre Schnitzereien und die alten Seefahrer ihre Scrimshaw-Arbeiten herstellten. Scrimshaw nennt man die alte Seefahrer-Technik, bei der die Motive, meist Walfang- oder Segelschiffe, mit Stahlnadeln in Walzähne eingeritzt und dann einge-färbt werden. Fasziniert fragte ich, ob ich einen Zahn erwerben könne. Mein Päck-

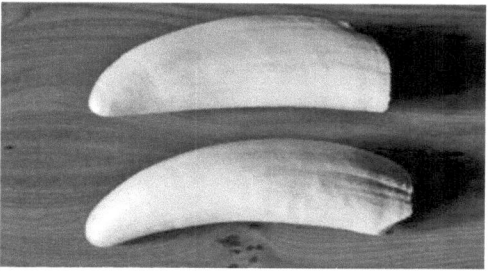

Rathmers Pottwalzähne

chen Zigaretten und der Pottwalzahn wechselten ihre Besitzer.

70

Nach diesem Deal erklärte mir der Fischer, wie teuer Zigaretten in Norwegen seien und er wäre bereit, die Pottwalzähne 1:1 gegen gute deutsche Zigaretten zu tauschen. So schnell bin ich noch nie zurück an Bord gewesen! Zwei Päckchen hatte ich noch als Reserve im Spind. Und dann informierte ich meine Kameraden! Und da ging es erst richtig los! In Gedanken sehe ich den norwegischen Fischer noch vor mir: glücklich lächelnd, auf dem Tisch stapelweise Tabakwaren und in der Ecke eine leere Holztruhe. Die Pottwalzähne habe ich heute noch.

Hafenmelodie
August 1964
Von Hans-Peter Hansen

Vom 25. bis 27. August 1964 wurden an Bord der SF „Scheer" Fernsehaufnahmen für die Sendung „Hafenmelodie" gemacht. Mitwirkende waren u.a. Christina Williams, Silvio Francesco, Bill Ramsey, Owen Williams und das Marine-Musikkorps Nordsee, der Chor der Technischen Marineschule, Soldaten der US-Navy und die Besatzung der „Scheer". Radio Bremen drehte auf der „Scheer" einen Film, bei dem als besondere Einlage eine junge Baletttänzerin auf der Radarplattform einen wilden Tanz hinlegte. Diese Sequenz wurde aber gestrichen, weil für ein Kriegsschiff doch unpassend. Sogar ein weißer Flügel wurde aufs Achterdeck gehievt und der Fernmelde-Offizier (FmO) spielte Jazzrythmen. Seemannslieder mussten natürlich auch gesungen werden, wurden für die Austrahlung aber dann doch von einem Berufschor unterstützt. Trotz langem Tagesdienst fanden die Aufnahmen nachts statt. Bei Tagesanbruch brachte ich Bill Ramsey in meinem kleinen NSU in sein Hotel, damit er seinen Flieger noch erreichte. Später verlas der Kommandant bei einer Musterung die Briefe, die uns nach der Ausstrahlung erreichten – ein erstaunlich gutes Echo.

Bremen, 3. September 1964   FS.-Sendeleitung
Is/hk

An den
Kommandanten der FSSF "Scheer "
Herrn Fregattenkapitän S t e f f a n

c/o Marine-Ortungsschule Bremerhaven
285 B r e m e r h a v e n
-.-.-.-.-.-.-.-.-.-.-.-.-.-.

Sehr geehrter Herr Kapitän S t e f f a n ,

Nun ist der Wirbel vorüber, das wilde Fernseh -
volk samt "Kabelkram" wieder abgezogen.

Darf ich Ihnen, Herrn Düsing und der gesamten
Besatzung noch einmal meinen allerherzlichsten
Dank für die ausserordentliche Hilfe aussprechen
und dazu sagen, dass wir die Geduld der Bundesmarine im Umgang mit dem Fernsehen nicht hoch
genug rühmen können.
Ich bitte noch einmal um Entschuldigung, wenn
wir Unordnung verbreitet und den Dienstbetrieb
durcheinandergebracht haben; ich hoffe aber
sehr, dass die Sendung am 7. September um
21.oo Uhr dafür etwas entschädigen kann .

Ein 16mm-Film mit Magnettonrandspur geht so-
gleich nach Fertigstellung als kleine Er -
innerung an die "Scheer " ab.

Ihr Schiff hat bei uns im Hause eine neue
taktische Abkürzung erhalten:

SF	=	Schulfregatte
FS	=	Fernsehen

„FSSF"=   " Scheer " .

Mit der Bitte um Empfehlungen an Ihre verehrte
Frau Gemahlin und besten Grüssen

                    I h r

                    (Hans-Heinrich Isenbart)

72

Korvettenkapitän
Ottomar Steffan

285 Bremerhaven

MOS - SF "Scheer"

Zürich, 7. September 1964
R/ch

Sehr geehrter Herr Kapitän,

Mit meinem besten Dank an Sie und Ihre ganze Crew für die
schöne Gastfreundlichkeit am 27./28. August schicke ich
Ihnen anbei ein Bild. Mit separater Post sende ich die
versprochenen Autogrammkarten für Ihre Mannschaft, je
ein Bild mit persönlicher Widmung und ein Bild mit Gruss.
Es sind 20 Stück extra dabei, falls es inzwischen Aende-
rungen in der Besatzung gegeben hat.

Für die Chiefs-Messe lege ich ein spezielles Bild bei und
wäre Ihnen dankbar, wenn Sie es weiterleiten würden.

Das grosse, bunte Bild, das die Herren der U.O.-Messe sich
gewünscht haben, ist ebenfalls mit sperater Post unterwegs.

Mit nochmals vielen herzlichen Dank und Grüsse, Ihr

Bill Ramsey

Hafenmelodie
August 1964
Von Ottomar Steffan (Kommandant)

Für die Dauer der Aufnahmen hatte ich meine Kammer als Künstlergarderobe zur Verfügung gestellt und meine Frau gebeten, da ein wenig nach dem Rechten zu sehen. Silvio Francesco hatte das wohl nicht ganz richtig mitbekommen, jedenfalls hielt er die Dame in der Kajüte für die Bedienung und bestellte sich entsprechend einen Kaffee.

Künstlicher Seegang
1964/65
Von Ottomar Steffan

Für eine Tagesreise hatten wir diplomatische Vertreter in Bremen an Bord. Wegen der spiegelglatten See verabredeten Kommandant und STO Martin folgende „Teufelei": mit der von Hand gefahrenen Schlingerdämpfungsanlage wurde die „Scheer" aufgeschaukelt, sodass man tatsächlich den Eindruck haben konnte, es wäre starker Seegang. Bis auf den amerikanischen Generalkonsul, einen Mr. Goodman, schmeckte anschließend unseren Gästen das Bordessen bestens!

Wie kam ich auf die „Scheer"?
Februar 1965 bis September 1966
Von Ludolf Richter

Nach Dienst auf den zwei SM-Booten [Schnellen Minensuch-Booten] „Capella" und „Neptun" des 5. MSG [Minen-Such-Geschwaders] in Neustadt/Holstein wurde ich, wie auch einige andere Berufsoffiziere (u.a. der spätere Kommandant der „Gorch Fock", Immo von Schnurbein), auf den Lehrgang „Versorgung für

Offiziere" nach List/Sylt geschickt, nachdem Versorgungsoffiziere bis dato nur Zeitoffiziere waren. Nach Abschluss des Lehrgangs kam ich zur Einweisung als Schiffs-Versorgungs-Offizier (SVO) auf Geleitboot „Köln" – die Umbenennung in Fregatten erfolgte später – und wurde schließlich SVO auf dem Geschwaderschiff „Emden". Zwar war die Tätigkeit eines Versorgungsoffizieres an Bord recht befriedigend, doch graute mir vor der Zeit danach als Logistiker in Stützpunkten oder einem Stab. Mein Bestreben war, ein „Operateur" (Schiffsoperationsdienst, später Marineführungs-dienste benannt) zu werden. Als der 1. Ortungsergänzungslehrgang „gebacken" wurde, bewarb ich mich, der ich kein Ortungsoffizier war, jedoch über genügend Praxis verfügte: unser Ortungsoffizier war ohne Ersatzgestellung, wie auch der Schiffs-Sicherungs-Offizier (SSO) der „Karlsruhe", auf den multinationalen Zerstörer „Biddle"/„Rickets" (vielleicht erinnern sich einige an dieses Experiment!) nach Amerika kommandiert. Da ich als SVO in See viel freie Zeit hatte (gute Versorger der Fachrichtung 63, Materialbe-wirtschaftung vorausgesetzt!) engagierte ich mich in der Operati-onszentrale (OPZ). Wider Erwarten wurde ich für den 1. Ortungs-ergänzungslehrgang ausgewählt, auf dem in 4 Monaten der Stoff des B-Lehrgangs von 12 Monaten durchgepeitscht werden sollte, mit Schwerpunkt praktische OPZ-Übungen. Bei der Begrüßung der Lehrgangsteilnehmer bekam ich vom Kommandeur MOS, Kpt zS Heinrich Hoffmann (im Krieg bei der Invasion in der Norman-die bei der Versenkung seines Torpedoboots schwer verletzt, spä-ter Leiter der Ausbildung der Männer für die Kleinkampfverbände, der härtesten Ausbildung in der Kriegsmarine) einen „Persil-schein", als Versorgungsoffizier jederzeit ohne Nachteile für mei-ne Karriere aussteigen zu können. Dies hatte ich natürlich nicht im Sinn, im Gegenteil, ohne guten Abschluss würde ich wohl als Lo-gistiker enden! Der beste meiner Nachcrew (Offiziersanwärter werden nach Crewen zusammengefasst, meine Crew war die X/58 vom Oktober 1958) Jürgen Geier (Crew IV/59 vom April 1959), Ortungsoffizier der „Köln", der es später bis zum Vizeadmiral bringen sollte, und ich lieferten uns ein Kopf-an-Kopf-Rennen um die Spitze, das ich mit etwas Glück für mich entscheiden konnte. Irgendwie muss der Kommandeur MOS einen Narren an mir gefressen haben oder die Kombination Ortung/Versorgung schien ihm für diesen Posten günstig, denn er sorgte über die Personalabteilung dafür, dass ich I WO (offiziell Schiffsoperationsoffizier) der „Scheer" wurde. Da ich bereits als SVO „Emden" Kapitänleutnans-Gehalt bezogen hatte, bekam ich dieses auch auf dem A 11-Posten der Schulfregatte „Scheer" weiter. Dem Kommandanten sind die beiden Hauptabschnittsleiter, I WO (zugleich bei Abwesenheit sein Vertreter) und STO unterstellt. Zur Division des I WO gehörten Fernmeldeoffizier und Ortungsoffizier, je nach Dienstalter II WO bzw. III WO. Zur Division des STO gehörte der SSO.

Während meiner Dienstzeit auf der „Scheer" hatten wir gelegentlich auch wehrübende Offiziere. An einen erinnere ich mich noch gut, den seinerzeitigen Lt zS Hans-Jürgen Schröder, der nach seinem Studium Historiker wurde. [Professor für Zeitgeschichte an der Justus-Liebig-Universität Gießen]

Zu meiner Division gehörten folgende Portepee-Unter-Offiziere (PUO): 1. und 2. Elektronikmeister, Seemännische Nummer 1, Wachtmeister, Funkmeister, Navigationsmeister und Radarmeister. Während meiner Zeit auf der „Scheer" hatte ich zwei Kommandanten: Von 2/65 – 9/65 KKpt Ottomar Steffan (sein Schwager war Kommandeur beim 2. Geleitgeschwader, Kpt zS Guggenberger, der als Kommandant U 81 den Flugzeugträger „Ark Royal" versenkt hatte. Sein damaliger I WO war mein Kommandant auf der „Emden", Fregattenkapitän (FKpt) Hanno Krieg, im Krieg zuletzt für den Einsatz der 2-Mann-U-Boote zuständig). Von 10/65 – 9/66 KKpt Dietrich Wachendorf.

Meine Dienstzeit auf der „Scheer" gehört zu meinen angenehmsten: glückhaftes Schiff, gute Besatzung und Kameradschaft, interessante seemännische Manöver und Selbständigkeit. Zum Abschluss meiner Dienstzeit erhielt ich vom Kommandeur MOS das Kommandantenzeugnis. Als mein Crewkamerad Helmut Martin als STO und ich als I WO das Schiff zusammen verließen, erhielten wir eine von einem Juwelier aus Stahl hergestellte und aufgezogene „Scheer". Der Stahl blendete so, dass das Schiff weiß erschien.

In der Biskaya flogen die Teller und Tassen
Februar/März 1965
Von Jürgen Rathmer

[Aus einer ungenannten Solinger Zeitung, ohne Datum]

Solinger Matrose berichtet von einer Auslandsfahrt der „Scheer" nach Gibraltar. Mit der „Schulfregatte Scheer" machte der Solinger Matrose Jürgen Rathmer eine Ausbildungsfahrt von der Marineortungsschule Bremerhaven nach Gibraltar. Er schreibt dazu einen recht farbigen Bericht.

Schon Tage vor dem Auslaufen erfolgte eine hektische Betriebsamkeit der gesamten Mannschaft. Die Proviantübernahme begann. Am meisten Arbeit hatten wir mit den Getränken. Wir übernahmen soviel Bier, als sollte ganz Gibraltar damit versorgt werden. Zwei Tage lang luden wir von morgens bis abends, denn der Kantinenmeister rechnete mit großem Durst in südlicher Sonne. Dann ging es los. Die Signalstelle morste noch eine „gute Reise" und die „Scheer" glitt weserabwärts, der an diesem Tage sehr stürmischen Nordsee entgegen. Gegen Mitternacht tauchte das Leuchtfeuer von Borkumriff aus der Dunkelheit auf, und um fünf Uhr morgens war Texel querab. Um achtzehn Uhr passierten wir die Linie Dover-Calais, für die alten Fahrensleute ein doppeltes Vergnügen, denn die Neulinge an Bord mussten ihren Kanal-Kasten Bier ausgeben und für alle begann die doppelte Abwesenheitsvergütung. Am nächsten Morgen hatten wir schon Brest Backbord querab und nun steuerten wir die als stürmischste Ecke aller Meere verschriene Biskaya an. Sie machte ihrem Ruf alle Ehre. Die Sonne verschwand, und es fing an zu schneien. Wir schaukelten. Das Abendessen brachte Überraschungen: Teller, Tassen und deren Inhalt rutschten übermütig von der Back auf den Schoß des Nachbarn und unter den Tisch. Einen ganzen Tag und die Nacht hindurch purzelte unser Schiff daher. Endlich meldete der Ausguck „Land in Sicht". Es war das Cap Finisterre. Wir waren quer durch die Biskaya gelaufen. Allmählich wurde es wärmer. Wir fuhren an den schroffen Steilküsten Portugals, die in der Ferne leuchteten, an Lissabon vorbei schnurgerade nach Süden. Für uns sonnenhungrige Nordeuropäer war es herrlich, an Oberdeck in der Sonne zu stehen, während Deutschland im Schnee versunken war, wie wir aus der Schiffspresse entnahmen. Schwärme von Tümmlern trieben ihre Spiele, während wir das Schiff pönen mussten. Von der Mastspitze bis zur Wasserlinie erhielt die „Scheer" ein neues Make-up. Nachts passierten wir die Enge von Gibraltar. Als wir in Gibraltar einliefen, sah unsere gute alte „Scheer", die ja immerhin 22 Jahre lang durch alle Meere fuhr, wie neu aus. Die harte Seefahrt war vergessen, und mit Fotoapparaten bewaffnet gingen wir an Land. Zuerst bestiegen wir den Felsen von Gibraltar, den „rock". Nach zweistündiger Wanderung durch die heiße Sonne hatten wir die Hälfte des Weges geschafft. Ein herrlicher Ausblick über das himmelblaue Meer und das spanische Hinterland belohnte uns für unsere Mühe. In der Ferne lag dunstverhangen Afrika. Wir knipsten, was das Zeug hielt: die alten Kanonen und Mörser und natürlich die berühmten Affen von Gibraltar. Sie sprangen über die Kasematten und waren sehr zutraulich. Gibraltar, seit 1713 in englischer Hand, ist von 50 Kilometer Tunneln und Gängen durchzogen und eine natürliche Festung an der Pforte zum Mittelmeer. Als die Sonne ihre größte Kraft verloren hatte, machten wir einen Einkaufsbummel durch die Stadt. Großen Spaß machte es uns, mit den marokkanischen und indischen Händlern zu feilschen. Bepackt wie die Mulis gingen wir zurück an Bord. Nach drei Tagen war die schöne Zeit vorbei, und am Montagmorgen hieß es wieder „Anker auf", und wir verließen wieder das herrliche Stückchen Erde am Südzipfel Europas.

Erfolgreicher Dienstkenntnis-Unterricht
März 1965
Von Ottomar Steffan

Auslaufen nach Gibraltar. 16 Uhr seeklar. (tidebedingt), die Vollzähligkeitsmusterung hatte ergeben, dass ein „Heizer" noch fehlte. Der STO sagte, ohne diesen können wir nicht auslaufen, er fehlt dann auf der Wache. Der Lotse war bereits an Bord und die Schlepper waren angespannt, aber der Obergefreite MD 41 G. fehlte immer noch. Der Decksälteste sagte „Er kommt bestimmt noch!" und endlich um 16.30 Uhr fuhr ein Taxi vor und G. flitzte über die noch nicht eingefahrene Stelling an Bord. Nach Auslaufen stellte ich ihn zum Rapport und bestrafte ihn mit 14 Tagen Ausgangsbeschränkung – im Hafen. In See – ich war gerade in meiner Kammer – klopfte es und G. beschwerte sich über die Disziplinarstrafe. Nun musste also der nächsthöhere Disziplinarvorgesetzte, der Kdr der MOS im fernen Bremerhaven entscheiden und die Strafe wurde bis dahin ausgesetzt. Nach dem Auslaufen aus Gibraltar klopfte es wieder: „Herr Kaptän, ich ziehe meine Beschwerde zurück!" G. hatte seinen Landgang im Hafen gehabt und seine Dienstunterrichts-Kenntnisse erfolgreich angewandt. Er und ich konnten uns ein leichtes Grinsen nicht verkneifen.

Meine ersten Fahrten als I WO
März – Juni 1965
Von Ludolf Richter

Über unsere Ausbildungsfahrt nach Gibraltar fällt mir nichts Positives ein. Manche von uns waren ja schon mal da und meine Aufenthalte dort mit Geleitbooten haben keinen bleibenden Eindruck hinterlassen. Beim ersten Mal steigt man gewöhnlich auf den Affenfelsen, sonst bleiben nur die Lokale übrig. Der eine oder andere hat dann wohl Geld für arabische Sitzkissen ausgegeben.

Unsere Fahrt nach Amsterdam habe ich noch gut in Erinnerung. Aus kürzlich vom damaligen Kommandanten, FKpt a.D. Steffan, freundlicherweise zur Verfügung gestellten Unterlagen geht hervor, dass wir am Freitag, dem 18.06.1965 gegen 09:00 in Amsterdam angekommen und dieses am 21.06. wieder verlassen haben. Aus dem niederländischen Programm geht hervor, dass eine Hafenrundfahrt und eine Besichtigung der Amstel-Brauerei vorgesehen waren. In Holland, wie auch in Norwegen, gab es Mitte der 60er Jahre noch starke Vorbehalte gegen Deutsche, allerdings galt das nicht für junge Niederländer. Die Fahrt von Ijmuiden über die Amstel war schon ein Erlebnis. Direkt gegenüber unserem Liegeplatz in Amsterdam lagen etwa ein Dutzend russische Walfangboote, während das Mutterschiff vor Ijmuiden vor Anker lag. Einige Tage nach unserem Einlaufen sollte der gesamte Verband wieder in die Antarktis gehen. Offensichtlich hatten die Matrosen ganz gut verdient, denn überall in der Stadt sah man sie mit vollen Einkaufstaschen. Der Empfang, den wir auf der „Scheer" gaben, war ein voller Erfolg, da KKpt Steffan, der niederländisch sprach, seine Frau mit hatte, die Holländerin war.

Am vorletzten Tag meldete mir der Hafen-WO der letzten Nacht folgendes: Zwei stark angeschlagene Besatzungsmitglieder (ich lasse die Namen fort) seien vom Landgang zurückgekehrt und hätten erzählt, wie sie mit den Russen erst in einer Kneipe und später an Bord eines ihrer Walfänger getrunken hatten. Dabei fiel gegenüber dem WO (und Posten vor dem Schiff) folgender Satz: „Wenn wir noch mehr Alkohol gehabt hätten, hätten wir sie für die NATO geworben". Am nächsten Tag konnten sie sich angeblich an nichts mehr erinnern, was auch gut war. Dass sie hätten entführt werden können, war ihnen wohl erst jetzt klar geworden. Um den Kommandanten nicht in Zugzwang für irgendwelche Maßnahmen zu bringen, habe ich den Vorfall nicht gemeldet. Etwa drei Jahre später hat übrigens einer der beiden in seiner Messe an der MOS entsprechende Andeutungen gemacht. Wegen der vielen dienstlichen Verpflichtungen hatte ich beim „Scheer"-Besuch wenig Zeit, die vielen Sehenswürdigkeiten Amsterdams zu geniessen.

Dass ich zwei Jahre später selbst Niederländisch sprechen und auch für einige Zeit in Amsterdam stationiert sein würde, hätte ich mir damals nicht träumen lassen. Nach meiner Zeit auf der „Scheer" ließ mich die Personalabteilung meinen Operation-B-Lehrgang bei der Niederländischen Marine an der Navigatie Gefechtsinformatie School (NAVGIS) in Den Helder machen, mit Teillehrgängen an der Fernmeldeschule (Verbindings School) in Amsterdam, der Unterwasserwaffenschule Zeeaarend und bei den Marinefliegern in Valckenburg. Im Vorlehrgang war übrigens der spätere Flottenchef und Inspekteur „Jimmy" Mann.

Siegel der SMS „Derfflinger"

Die kaiserlichen Glocken
August 1965
Von Ludolf Richter

Vorbemerkung: Im Rahmen der Waffenstillstandsverhandlungen nach Ende des 1. Weltkriegs musste Deutschland fast alle Kriegsschiffe an die Alliierten abgeben. Unter KAdm von Reuter fuhr die Flotte mit stark eingeschränkten Besatzungen von Wilhelmshaven zur Reede Scapa Flow auf den Orkneyinseln. Man ging davon aus, dass sie im Rahmen der Forderungen der Siegermächte an Deutschland angerechnet würden. Am 27.11.1918 trafen sie in Scapa Flow ein. Nach Bereinigung von Pannen bei der britischen Liste (man hatte z.B. ein im Bau befindliches deutsches Linienschiff aufgeführt, jedoch eins der beiden mit 38-cm-Geschützen kampfkräftigsten vergessen) lagen schließlich folgende deutschen Kriegsschiffe vor Anker: 11 Linienschiffe, 5 Schlachtkreuzer, 9 Kleine Kreuzer (das was man heute als Leichte Kreuzer bezeichnen würde) und 49 Torpedoboote (das 50. war unterwegs auf eine Mine gelaufen und gesunken).

Nachdem KAdm von Reuter zwischenzeitlich in Deutschland war, um sich Weisungen der Reichsregierung zu holen, begannen die Briten mit Schikanen gegen die deutschen Besatzungen: Verbot der Kriegsflaggen, kein Landgang, keine zahnärztliche Versorgung u.a. Dem deutschen Befehlshaber wurde der Zugang zu Informationen über den Gang der Verhandlungen in Versailles verwehrt. Schließlich kam das Gerücht auf, die Hochseeflotte würde gar nicht auf mögliche Kriegsschulden angerechnet, sondern von den Briten gratis annektiert. Am 21.6.1919 gab KAdm v. Reuter deshalb den Befehl, die Schiffe selbst zu versenken. Bis auf einige wenige gelang dies auch unter dem Feuer der Briten: es gab Tote und Verwundete. Von Reuter und die Besatzungen gingen in Kriegsgefangenschaft. Obwohl von Reuter klar gegen eine Weisung der Reichsführung verstoßen hatte, wurde seine Tat im

Nachkriegsdeutschland als Frage der Ehre betrachtet. Statt von Reuter bei seiner Rückkehr aus Kriegsgefangenschaft zur Rechenschaft zu ziehen, wurde er von Reichspräsident Ebert zum Vizeadmiral befördert.

Die Übergabe der kaiserlichen Glocken : Im Jahre 1965 hatte ein Brite auf einer schottischen Abwrackwerft in Faslane bei Greenock zwei große deutsche Glocken entdeckt, die von Schiffen der ehemaligen Deutschen Hochseeflotte stammten und zwar vom Flottenflaggschiff „Friedrich der Große" (war auch als 1. Schiff in Scapa Flow gesunken; in der Skagerrakschlacht 31.5.– 1.6.1916 wie durch ein Wunder ohne Treffer und Verluste) und dem Schlachtkreuzer „Derfflinger" (das vielleicht erfolgreichste Großkampfschiff im 1. Weltkrieg, Indienststellung Sept. 1914, wie „Friedrich der Große" mit 30,5 cm-Geschützen, Fast-Versenkung des britischen Schlachtkreuzers „Lion" während des Gefechts auf der Doggerbank am 24.1.1915, versenkte während der Skagerrakschlacht die „Invincible" und war an der Versenkung von „Indefatigable" und „Queen Mary" beteiligt, verschoss dabei 385 Granaten vom Kaliber 30,5 cm, erhielt 17 Treffer mit 157 Toten und 3000 t Wassereinbruch). Dieser Mr. Shepard meldete seinen Fund an die Deutsche Botschaft in London. Dann drehte sich das Karussell über Bonn, bis wir schließlich den Befehl bekamen, die beiden Glocken „heimzuholen".

Ende August 1965 trafen wir nach einer ereignislosen Fahrt in Greenock ein, von wo aus wir uns auf den Weg zur Abwrackwerft nach Faslane machten. Greenock war ein Hafen, den man schnell vergessen sollte. Allerdings hatten diejenigen, die an unserer organisierten Busreise von Greenock aus teilgenommen haben, ein unvergessliches Erlebnis durch traumhafte Landschaften. In Faslane wären wir fast nicht an die Pier gekommen, denn zwischen einem ehemaligen australischen Flugzeugträger und einem anderen

Schiff war etwas wenig Platz. Am Abend vor der Glockenübergabe kam ein Mr. Gilmore an Bord, der uns das Siegel („Petschaft")
der „Derfflinger" zeigte, das er persönlich als Taucher gefunden
habe. Die „Derfflinger" sei kieloben in etwa 30 m Wassertiefe
gelegen als man 1938 begann, das Schiff zu drehen und leerzu-
pumpen. Dies gelang und es wurde nach Faslane geschleppt, um
erst nach dem 2. Weltkrieg 1946 verschrottet zu werden. Wir luden ihn zur Übergabe am nächsten Tag ein und er überließ uns bis
dahin leihweise das Siegel. Nachdem wir den gesamten Vorrat an
Siegellack im Funkraum verbraucht hatten, waren wir stolze Besitzer von Abdrücken. Am Anfang meines Berichts ist ein Bild mit
Siegellack und eins mit Stempelfarbe zudehen.

Am nächsten Tag wurden dann die beiden Glocken per Kran auf
die Schanz gehievt (Balken drunter, alles bereit für Seefestzurren)
und einige feierliche Reden gehalten. Laut einem Buch, das ich
kürzlich gelesen habe, soll auch der Deutsche Marineattaché anwesend gewesen sein: ich kann mich daran nicht erinnern. Nach-
der Übergabe sprach mich ein Kranführer an, der nach Kriegsgefangenschaft in Schottland geblieben war. Er machte mich auf einen Gewerkschafts-Anachronismus aufmerksam: obwohl ein
Kranführer den Kran allein bedienen kann, ist ein 2. Mann – das
war sein Job – erforderlich, um den Kran auf den Schienen zu bewegen. Nach unserer Rückkehr übergaben wir die Glocken an
KAdm Erdmann, den BSN. Die von „Friedrich der Große" befindet sich im Flottenkommando in Glücksburg, die von „Derffiln-
ger" ging nach Eckernförde zur Unterwasserwaffenschule, wo sie
für einige Jahre als verschollen galt. Ich nehme an, sie ist heute in
der Waffenschule in Parow. Aus einem Zeitungsausschnitt, den
FKpt aD Steffan zur Verfügung gestellt hat, geht hervor, dass der
von mir erwähnte ehemalige Taucher tatsächlich das Petschaft der
„Derfflinger" am Tag der Glockenübergabe spontan dem Mari-

neattaché übergeben hat. Wo sich das Siegel heute befindet, konnte ich nicht herausfinden: es wurde zusammen mit den Glocken dem damaligen BSN FlAdm Erdmann übergeben.

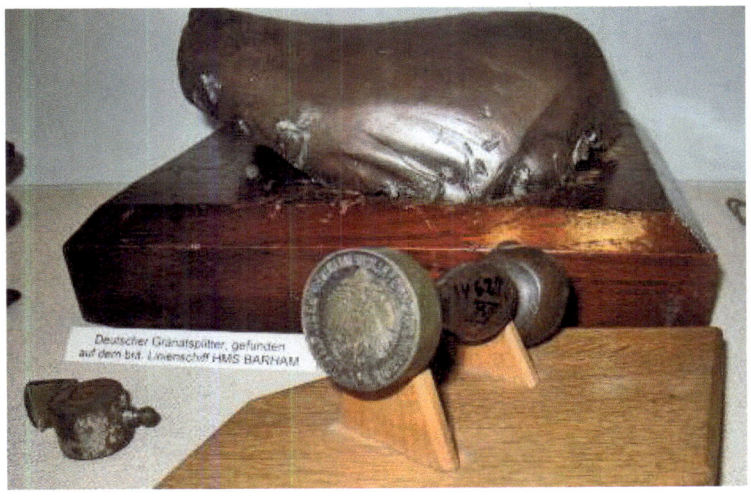

Siegel des Schlachtkreuzers SMS „Derfflinger" und ein deutscher Granatsplitter auf dem britischen Linienschiff HMS „Barham"

Die Seemännische Nr. 1 bei der Anbordnahme der Glocke des „Derfflingers"

Seemännische Nr. 1
und ein Bootsmann
an den Glocken

Nach der
Glockenübergabe :
Ehrengast
Bürgermeister
von Greenock
von Bord

Verbleib der kaiserlichen Schiffsglocken
2010
Von O. Steffan & O. Jungdäubl

In der Chronik unseres Schiffes wurde über die feierliche Glockenübernahme von SMS „Friedrich der Große" und SMS „Derfflinger" ausführlich berichtet. Das Zeremoniell fand am 30.08.1965 in Faslane/Schottland statt. Die Frage nach dem Verbleib dieser beiden Schiffsglocken kam wiederholt aus dem Kreis unserer Bordkameradschaft auf. Nach der Übergabe der Schiffschronik durch den Schulkommandeur der MOS am 16.04.2010, anlässlich unseres Kameradschaftstreffens, entstand die Initiative, dieser Frage nachzugehen. Die Recherchen ergaben relativ schnell, dass sich beide Glocken im „Wehrgeschichtlichen Ausbildungszentrum" der Marineschule Mürwik befinden.

Lübeck und die Zonengrenze
Oktober 1965
Von Ludolf Richter

Um der Besatzung bei einer Ausbildungsfahrt etwas Besonderes zu bieten, beschloss KKpt Wachendorf, einmal Lübeck anzulaufen, wohin sonst nur Tender in die Werft gingen. Wir fuhren gemütlich die Trave hoch, an Backbord gut sichtbar die Wachtürme der DDR-Grenzbefestigungen, und legten schließlich in der Hansestadt Lübeck gegenüber der Clemensstraße, dem Gegenstück zur Herbertstraße in Hamburg, an. Es wurde ein sehr angenehmer Aufenthalt. Als ehemaliger Lübecker aus meiner Zeit beim 5. MSG in Neustadt/Holstein war ich ein Ortskundiger und konnte Tips für Lokalitäten geben. Ein Besuch im von mir empfohlenen „Parisia" als einem der bekanntesten Striptease-Lokale an der Küste, musste ausfallen: das Lokal hatte kürzlich Pleite gemacht. An seiner Stelle war jetzt der „Yeah-Yeah-Club".

Ablösung als Kommandant „SF Scheer"
Oktober 1965
Von Ottomar Steffan

Als ich, wohl wegen eines Autounfalls meines Vorgängers, Kommandant der „Scheer" wurde, kam das völlig überraschend. Ich war zu der Zeit an der Marineschule Mürwik und wir wohnten auch in Flensburg. Nun auf der „Scheer", zogen wir nach Bremerhaven. Bereits länger vor meiner Versetzung von der „Scheer" wurde meine „Ablösung" bekannt und ich wurde gefragt, was mir denn passiert sei, dass ich bereits nach 1 1/2 Jahren von der „Scheer" wieder runter kam? Warum, das erfuhr ich erst viel später und konnte darum nur antworten: „Ich bekomme ein anderes Schiff!" „Was denn für eins?" „Ein doppelt so großes!" „Oh, was denn für eins?" „Den ersten selbstgebauten Versorger!" „Also, wenn Sie von einer Fregatte auf einen Versorger kommen, müssen Sie doch was ausgefressen haben!". Das hat mich aber nicht weiter geärgert. (Ich wurde auf die „Lüneburg" mit Heimathafen Flensburg im Rahmen einer „Familienzusammenführung" versetzt. Die MOS hatte vergessen, meinen Umzug nach Bremerhaven an die Abteilung Personal in Bonn zu melden).

Die Ankermaläse
November 1965
Von Ludolf Richter

Als wir nach einer Nacht vor Anker, wegen des starken Windes mit beiden Ankern, mit dem Ankerauf-Manöver begannen, ergab sich folgende Pleite: ohne dass der Posten auf der Back etwas gemerkt hatte, hatten sich beide Anker „getroffen", obwohl die Kettenlänge beim kürzeren um 50 m unter der des längeren Ankers war. Als der Anker der kürzeren Länge aus dem Wasser kam, konnte man sehen, dass sich die Kette des längeren um den Anker gewickelt hatte! Wenn das Problem nicht gelöst würde, hätten wir beide Anker, mit Boje markiert, zurücklassen müssen. Wenn uns dann auf der Rückfahrt etwas passiert wäre, z.B. ein Ruderversager, wären wir in Teufels Küche gekommen. Nach etwa einer Stunde Hieven und wieder Wegfieren löste sich der Knoten und wir konnten die Fahrt mit beiden Ankern fortsetzen. Wir hatten schon wieder das Glück des Tüchtigen.

Das defekte Spill
Dezember 1965
Von Helmut Martin

Wir lagen bei kräftigem Wind bei Helgoland vor Anker, in Lee von uns der Tender „Neckar". Ich war zufällig mit dem Radarmeister auf der Brücke, wir beiden im weißen Messejackett, als wir bemerkten, dass sich die Konturen Helgolands, die auf dem Truemotion-Sichtgerät des Kelvin-Hughes-Radargerätes KH 14 mit Farbstift nachgezogen waren, verschoben. Schlußfolgerung: der Anker hielt nicht und wir trieben in Richtung Tender, der uns prompt mit Scheinwerfer anleuchtete. Obwohl wir zu dem Zeitpunkt nur einen Kessel klar hatten, fuhr ich in die Kette und schleppte den Anker etwa 3 Kabellängen weiter. Inzwischen waren Kommandant, das Maschinenpersonal und die Seemännische Nr.1 benachrichtigt und es dauerte nicht lange, bis der zweite Kessel hochgefahren war. Nach dem Anbordhieven des Ankers fuhren wir zur Schillig-Reede im Jadefahrwasser, um dort für den Rest der Nacht zu ankern. Am nächsten Morgen zum Ankerauf stellte sich heraus, dass das Dampfspill seinen Geist aufgegeben hatte! Ein Handbetrieb als letzte Notmaßnahme war zwar theoretisch vorgesehen, mit je einer Spillspake an Backbord und Steuerbord des Spills, war jedoch noch nie erprobt worden und schien von zweifelhaftem Wert. Die andere Möglichkeit wäre gewesen, den Anker mit Markierungsboje zurückzulassen. Der Kommandant befahl das Hieven des Ankers von Hand. Da dies eine Knochenarbeit versprach, war die gesamte Besatzung bis auf eine eingeschränkte Besetzung der Brücken- und Maschinenwache angetreten, um sich laufend abwechseln zu können, je drei Mann an den beiden Spaken. Wegen des starken Windes bestand keine Chance, gegen den Druck die Kette zu bewegen. Mir als WO oblag es, das Schiff in Richtung Wind auszurichten, in die Kette zu fahren und dann zu stoppen. Vom Zeitpunkt des Stoppens bis der Wind das Schiff wieder zurückgetrieben hatte (und so wieder Zug auf die Kette kam) wurde, bei geöffneter Spillbremse, das Spill, so schnell dies ging, von Hand gedreht. Kurz bevor wieder Zug auf der Ankerkette war, wurde die Bremse blitzartig zugedreht. Im Laufe der nächsten beiden Stunden wiederholte sich der Vorgang laufend, wobei alle am Drehen der Spillspaken beteiligt waren, vom Kommandant bis zu den Smutjes. Meine Befürchtung war dabei, dass es wegen der vielen Maschinenkommandos zu einem Defekt kommen könnte. Aber unsere Maschine hielt brav durch, nicht zuletzt Dank der ausgezeichneten Arbeit der dortigen Wache! Nach gut zwei Stunden hatten wir unseren Anker von Hand wieder an Bord. Eine reife Leistung! So etwas schweißt eine Besatzung zusammen!

Zahnarzt an Bord
1965/67
Von Dietrich Wachendorf

Auf einer Ausbildungs-Tagesfahrt war ein für das Heer wehrübender Zahnarzt eingeschifft. Dieser Dr. Rutschmann war einer der gefragtesten Zahnärzte in Deutschland und wurde auch laufend per Flugzeug zu Ibn Saud, dem damaligen saudischen König gerufen. Nachdem er schon mal an Bord war, wollte er auch unsere ausgezeichnete Zahnarzt-Ausrüstung erproben. Der Radarmeister, der sonst über Zahnbeschwerden geklagt hatte, erschien als geeignetes „Versuchskaninchen". Leider wollte er dann doch nicht. Dr. Rutschmann hat später unseren Kommandanten zu sich nach Göttingen eingeladen. Wie Kapitän Wachendorf berichtete, hatten sie in der Dämmerung von dessen Terasse Wild am nahen Waldrand geschossen.

Rudermaschinenausfall
März 1966
Von Ludolf Richter

Aus irgendeinem Grund wurden damals wohl die verschiedenen Möglichkeiten im Rudermaschinenraum zum Steuern des Schiffes durchgefahren, wie bei einer Werftprobefahrt. Ich war der WO auf der Brücke und hatte etwas kalte Füße, weil wir uns mit minimaler Geschwindigkeit – und das bei Tidenstrom – im Fahrwasser Alte Weser bewegten. Dann wurde mir per BÜ gemeldet, die Erprobung sei zu Ende und ich gab den Befehl: „Umschalten auf Brücke!". Ergebnis: nichts passierte, der Rudergänger (Gefr. Scherer) meldete, dass er keine Ruderwirkung habe und wir meldeten dies dem STO in den Rudermaschinenraum. Da wir uns inzwischen der Tonne AA in der Außenweser bedrohlich genähert hatten, musste ich (ohne Ruderwirkung) das Schiff mit „AK zurück" und „Zweimal Stop" zum Stehen bringen und so die Wellen anhalten, um nicht die Trosse der Tonne in die Schrauben zu bekommen. Als das Schiff zum Stehen kam, lag die Tonne direkt neben dem Heck: man hätte sie beinahe anfassen können! Der Wind und der Strom trieben uns über die Tonne, die ca. eine Minute unter dem Schiff verschwand, um schließlich auf der anderen Seite wieder aufzutauchen, allerdings ohne das Toppzeichen, eine Spindel. Nach einem „Bittgang" des Kommandanten zum Hansestadt Bremischen Amt hat man die Spindel bei der nächsten Einsatzfahrt des Tonnenlegers ersetzt. Was zu der Zeit in der Rudermaschine passierte, ist mir nicht gegenwärtig. Nach einiger Zeit konnten wir wieder von der Brücke aus steuern. Der STO, Helmut Martin, oder OBtsm Brunnert müssten genaueres wissen.

Filmaufnahmen
Mai 1966
Von Dietrich Wachendorf

Anläßlich der Erstellung eines Lehrfilms über Taktische Navigation für die MOS hatten wir ein Filmteam aus Hamurg an Bord, das von einer Frau knallhart gemanaged wurde. Nachdem die Aufnahmen eigentlich abgeschlossen sein sollten, stellte die Dame dann doch einige Szenen fest, die ihrer Meinung nach wiederholt werden müssten. Dafür mussten wir außerplanmäßig an einem Samstag – mit nur halber Besatzung an Bord – auslaufen. Mein Part war, den Kommandanten zu fragen: „Herr Kapitän, Frage: Marschfahrt zum Geleit?" und seine Geschwindigkeitsangabe zu wiederholen.

Gewittersturm im Hafen
August 1966
Von Heinz-Werner Sass

Es war an einem Sonntag irgendwann im August 1966. Drückende Schwüle und eine unglaubliche Hitze in den Decks. Die an Bord befindliche Besatzung und die Freiwache hielten sich an Deck auf. Im Westen baute sich eine schwarze Wand auf. Wir dachten, dass endlich eine Abkühlung kommen würde. Die ist dann auch gekommen, aber anders als wir das erwartet haben. Urplötzlich brach ein Sturm los. „Scheer" zerrte an den Leinen. Plötzlich ein Aufschrei von einem Kameraden. Auf der gegenüber-

92

liegenden Abwrackwerft hatte sich ein schon fast bis zur Wasserlinie abgewrackter Fischdampfer losgerissen und trieb mit unglaublicher Geschwindigkeit direkt auf uns zu. Einige Kameraden bewaffneten sich mit Fendern um den zu erwartenden Stoß abzufedern. Es blieb keine Zeit Alarm zu geben, um die unter Deck befindlichen Kameraden zu warnen.

Dann der Aufprall. Der Fischdampfer knallte gegen unseren Steven und verbog diesen zu einem Fragezeichen. Dann scherte der Dampfer längsseits und versaute unsere schöne Steuerbordseite mit hässlichen Schmarren. Dem Aufprall waren auch die Leinen nicht gewachsen. Bis auf zwei Leinen rissen sie alle mit peitschendem Knall. Die Stelling flog in den Bach und hing nur noch an der Sicherung. Gott sei Dank ist niemandem etwas passiert. Schnellstens wurden neue Leinen ausgebracht und „Scheer" wieder richtig festgemacht. Der Schreck saß uns noch lange in den Knochen.

Als am Montag dann unser Schmadding wieder an Bord war, hat er sich die Haare gerauft. Alle Leinen mussten neu gespleißt werden und unsere Steuerbordseite musste neu gepönt werden. Am übernächsten Tag ist eine Schute von der Werft gekommen und unser Steven wurde wieder gerichtet.

Schute bei
Reparatur-
arbeiten am
Steven

Die „Scheer" als Einschraubenschiff
August 1966
Von Dietrich Wachendorf

Beim Auslaufen aus Aberdeen/Schottland (damals eine Fischereistadt, heute das Zentrum der britischen Offshore-Ölindustrie. Ein Seemann zu mir: „Ich habe noch nirgends so hässliche Frauen gesehen wie hier!") zog uns der Schlepper über die Trosse einer Festmachertonne. Ergebnis: die Trosse legte sich um eine der beiden Wellen und war auch mit Taucherhilfe nicht zu entfernen. Ein Eindocken in Bremerhaven erschien angebracht. Aus Sicherheitgründen fuhren wir mit geringer Fahrt auf geradem Kurs durch die Nordsee zur Ansteuerung „Alte Weser Fahrwasser". Ich hatte WO, als wir uns nachts der Ansteuerung näherten. Da gab es nur ein kleines Problem: von Backbord her kam ein Kümo auf dem Weg vom Elbe- zum Weserfahrwasser und die Peilung zu ihm stand, d.h. ohne Ausweichmanöver würde es zur Kollision kommen. Nach Seestraßenordnung war der Kümo ausweichpflichtig. Um eine Kollision zu vermeiden, wären wir jedoch zum „Manöver des letzten Augenblicks" gezwungen. Als sich beim Kümo nichts tat, ließ ich vom Signäler eine Leuchtrakete abfeuern, die über seiner Brücke zur Entfaltung kam. Als Ergebnis sah man eine Gestalt von vorn nach achtern laufen! Kurz danach erfolgte das Ausweichmanöver des Kümos. Der Kapitän hatte wohl den automatischen Steuermann eingeschaltet! Wir liefen ungehindert weiter nach Bremerhaven und ließen den Schaden reparieren.

Fahrt nach Bayonne
September 1966
Von Oswald Jungdäubl

Die Ausbildungsfahrt mit unserer „Scheer" nach Bayonne war im Vergleich mit anderen Reisen sehr ereignisreich, angefangen mit der stürmischen Fahrt durch den Englischen Kanal, wo wir den Backbordanker mit der gesamten Kette verloren. Die Bergung des Ankers auf der Rückreise im stark befahrenen Englischen Kanal bildete den Abschluss der Ausbildungsfahrt. Der Empfang in Bayonne (Baskisch: „guter Hafen") lief im Rahmen eines „Informal Visits" ab. Nach dem schwierigen Anlegen im Hafen, wegen der starken Strömung des Flusses „Adour", wurde eine Abordnung unserer Besatzung durch den Bürgermeister begrüßt. Dazu waren im Rathaus der deutsche Konsul und der Marineattaché, Kapitän zur See Nordheimer, anwesend. Unser Besuch war für den Gastgeber und die geladenen Gäste ein recht feucht-fröhlicher Anlass, bei Champagner und Wein nach französischer Lebensart. Während unseres Aufenthaltes wurden wir durch eine Einheit französischer Fallschirmjäger betreut, da in Bayonne keine Marine stationiert war.

Es gab zahlreiche freundschaftliche Begegnungen mit den Fallschirmjägern. An den Aufenthalt in Bayonne und seiner schönen Umgebung schloss sich ein Ausflug in die spanische Region „Navarra" an. Sie organisierten für uns Fahrten in das naheliegende Biarritz mit seinem wunderschönen Badestrand. Eine der Busreisen führte nach unseren Wünschen über die Grenze bei „Dancharinea" in die spanische Grenzregion „Navarra". Grenzformalitäten auf der spanischen Seite gab es für uns nicht. Ich meldete mich lediglich bei dem Leiter der Grenzstation in einfachem Schulspanisch. Zur Begrüßung wurde ein Glas Sherry gereicht und die Genehmigung zum Besuch einer kleinen Ortschaft am Fluß „Rio Lapitxuri" war erteilt. In den Andenkenläden fanden sich schnell die gewünschten Souvenirs.

SF „Scheer" in Bayonne ohne Anker

Kommandant von Bord, mit Fangschnur, zu einem offiziellen Besuch

Nach dem üblichen Einkauf traten wir unsere Rückfahrt über die Grenze an. In der Grenzstation meldete ich unsere Reisegruppe ab. Neben den guten Wünschen für einen weiteren angenehmen Aufenthalt erinnere ich mich noch an die Worte des Leiters zum Abschied: „Vor mehr als zwanzig Jahren standen uns in der gegenüberliegenden Grenzstation Deutsche gegenüber". Diese Worte haben uns Jüngere zunächst etwas nachdenklich gestimmt. Anfang der 40er Jahre war dies zutreffend.

Der Besuch der Stierkampfarena von Bayonne-Biarritz fand am 4. September statt, wo drei bekannte Stierkämpfer auftraten: nach

Stierkampf in Biarritz

der Anzeigetafel waren es: El Cordobes, Camino und El Viti. Hochrangige Gäste waren zu diesem Anlass eingeladen, wie der Deutsche Konsul und unser Kommandant, die beide auf der VIP-Bühne in der Mitte zu sehen waren.

Im Verlauf der Kämpfe, in der die Stiere regelrecht abgeschlachtet wurden, glich die Arena, die bis auf den letzten Platz von Tausenden von Besuchern gefüllt war, einem absoluten Hexenkessel. Auch als der letzte der Stierkämpfer, trotz Einsatz der Picadores, offenbar schwerverletzt seinem schwergewichtigen Gegner unterlag, indem der Stier ihn zu Boden stieß und über ihn hinwegtrampelte, waren die Zuschauer in ihrer südländischen Begeisterung keineswegs zurückhaltend.

Die Rückfahrt von Bayonne nach Bremerhaven verlief bei ruhiger See durch die Biskaya, vorbei an kleineren Fischereifahrzeugen, wo wir bereits auf der Hinfahrt Frischfisch von einem Fischer übernahmen, der mit Thunfisch handelte.

Den Abschluss der Fahrt durch den Englischen Kanal bildete die Bergung unseres Ankers.

Der Anker im Kanal
August 1966
Von Heinz-Werner Sass

Im August 1966 passierte auf dem Marsch nach Bayonne folgende Story: Im englischen Kanal hatten wir schwere See und mussten gegenan knüppeln. „Scheer" stampfte wie ein Schaukelpferd und nahm jede Menge Wasser über. Die Back tauchte fast völlig ein und jedesmal, wenn wir vorn eintauchten, rumpelte es gewaltig. Irgendetwas war nicht in Ordnung. Plötzlich ein irres Getöse. Bei voller Fahrt hatte sich der Bb-Anker losgerissen und rauschte in einer Rostwolke mitsamt der Kette aus der Klüse. Wir konnten von Glück sagen, dass die Kette nicht in die Propeller geraten ist. Der Brückenwache blieb nur, die Position festzuhalten und den Kommandanten zu wahrschauen. Es sind Befürchtungen aufgekommen, die Reise abbrechen zu müssen, da wir mit einem

Anker nicht mehr völlig einsatzbereit waren. Das hat sich aber nicht bewahrheitet. So fuhren wir nur mit einem Anker nach Bayonne. Auf der Rückfahrt versuchte Kaptän Wachendorf an der festgehaltenen Position im Kanal mit einem Draggen den Anker wiederzufinden. Es wurde ein Planquadrat abgesteckt und mehrmals durchfahren. Und siehe da, nach vielen Stunden hatte der Draggen die letzte rote Länge der Kette am Haken. Diese musste jetzt mit viel seemännischem Geschick von außenbords eingefädelt und durch die Klüse eingeholt werden. Eine seemännische Glanzleistung der gesamten Besatzung.

Ankerkette mit Draggen gefasst

Der verlorene Anker
August/September 1966
Von Oswald Jungdäubl

Im Verlauf der Ausbildungsreise vom 27.08. bis 10.09.1966 nach Bayonne gab es im Vergleich zu anderen Reisen der „Scheer" einen herausragenden „Höhepunkt". Bereits in den ersten Tagen ereignete sich bei schwerer See im Englischen Kanal der Verlust des Backbord-Ankers. Zum Glück konnte er bei der Rückreise mithilfe eines Draggens, samt Ankerkette, geborgen werden.

Erinnerungsfotos zeigen den seltenen Anblick vom Ablauf der Bergeaktion „inmitten" des stark befahrenen Englischen Kanals.

Bein Spulen von
Anker und Ankerkette:
OGefr Müssel,
rechts daneben
OGefr Lahmer,
Olt zS Richter,
OMaat Kruse

Die Ankerkette wurde mit Hilfe eines Draggens an die Seeober-fläche gehievt und in tatkräftiger Unterstützung durch zwei Kame-raden auf der Pinass für die weiteren Bergungsarbeiten vorbereitet. Schließlich wurden die gesamten 5 Kettenlängen Stück für Stück geborgen und mit Hilfe des Dampfspills in den Kettenkasten gefiert. Kommandant und I WO waren sichtlich zufrieden, da doch mit der gelungenen Bergungsaktion die gesamte Besatzung ihren hohen Ausbildungsstand beweisen konnte, wenn auch die genaue Ursache für den ursprünglichen Verlust unklar geblieben ist.

Es ist geschafft ! Bb-Anker wieder an Bord und in der Klüse.
Eine seemännische Glanzleistung der gesamten Besatzung.
Kommandant und I WO sind zufrieden !

Auch wenn die Ursache des Ankerverlustes damals nicht geklärt werden konnte, hatte der Decksmeister Alfred Meyer anlässlich der Auslandsreise nach Ceuta, ein Jahr später, im Englischen Kanal bei schwerer See eine vergleichbare Situation rechtzeitig bemerkt, als er das Schlagen des Kettenvorlaufs an Oberdeck vernahm. Er entdeckte, dass ein Kettenstopper des Backbordankers sich infolge des schweren Seegangs bereits gelöst hatte. Der Kommandant hatte damals daraufhin eine zusätzliche Sicherungsanweisung in der Ankerrolle befohlen, in dem das Ankerspill zusätzlich als Bremse mit einbezogen wurde.

Wiedersehen in Horten
August 1966
Von Oswald Jungdäubl

Beim Werftaufenthalt der „Scheer" in Haakonsvern findet der Besatzungsangehörige Peter Ström seine norwegische Mutter nach 20 Jahren Trennung wieder.

Die Reise nach Norwegen führte von Bremerhaven direkt nach Bergen. Im benachbarten Marinestützpunkt Haakonsvern fanden im Zeitraum vom 1.08. bis 11.08.1966 umfangreiche Arbeiten an der Radaranlage unseres Schiffes statt. Eine norwegische Firma baute zusätzliche Geräte ein, die für die Ausbildung von Fachpersonal an der MOS bestimmt waren. Ein Teil unserer Besatzung erhielt dort von der Firma eine Einweisung in die Gerätefunktion. Technisches Personal von der Marineortungsversuchsstelle war auf der „Scheer" eingeschifft und nahm ebenfalls daran teil. Bergen mit dem berühmten Hanseviertel Bryggen und seinem Fischmarkt bot für viele von uns sehr interessante Ausflüge in das Stadtzentrum. Wer sich mit der Fløibahn auf eine der vielen Anhöhen begab, konnte die Stadt in einem großartigen Panorama überblicken.

Für unseren Peter Ström war der Aufenthalt in Bergen ein unvergessliches Erlebnis und zugleich ein neuer Lebensabschnitt. Nach vielen Telephonaten fand er seine Mutter nach 20 Jahren Trennung am 8. August 1966 in Norwegen wieder. Dank zusätzlicher Unterstützung eines beherzten Norwegers gelang Peter Ström die außerordentlich schwierige Suche in dem fremden Land. Vom Dienst hatte ihn unser Kommandant freigestellt. Als Sohn einer Norwegerin und eines deutschen Soldaten war Peter in Deutschland bei Verwandten aufgewachsen. Sein Vater war in den letzten Kriegsmonaten 1945 an der Westfront gefallen. Es gab über 20 Jahre keine Verbindung zu seiner Mutter, die ihren Sohn in den

Kriegswirren in Deutschland für umgekommen hielt. Beim Zusammentreffen in Horten zeigte Mutter Ruth ihrem Sohn ein Bündel Briefe, die sie während vieler Jahre der Suche aus Deutschland mit dem Vermerk „unbekannt" zurückerhielt. Für Peter Ström begann mit seiner Zeit auf der „Scheer" ein neuer Lebensabschnitt. In einem Bericht hat er einige Einzelheiten über die Suche wiedergegeben. Wie er schreibt, würden seine Erlebnisse normalerweise ein ganzes Buch füllen !

Peter Ström, der seine Mutter nach 20 Jahren Suche in Norwegen wiedergefunden hat, übergab mir 2010, anläßlich unseres Kameradschaftsfestes an der MOS, in Bremerhaven, Fotos von seiner Familie. Ein Foto zeigt Peter am 08.08.2000 mit seiner Mutter, an ihrem 80. Geburtstag, und seinen Bruder Ernst in der Stadt Florø, in Norwegen.

Familie Ström. Florø, Norwegen, 2000

Die „Scheer" im Manöver
September 1966
Von Alfred Meyer

Anlässlich des Manövers „Botany Bay" waren wir im September 1966, zusammen mit Tender „Rhein" eine „rote" Kampfgruppe unter dem Befehl von Kpt zS Matzen. Wir waren ein sowjetischer Raketenzerstörer vom Typ Krupny, „Rhein" dito vom Typ Kildin. Wie in solchen Manövern üblich, lief ein Ultimatum um Berlin. Auf dem Kurs über den Sund in die Ostsee hängten sich drei Fletcher-Zerstörer (unter Kpt zS von Muthius) im Kattegat an unseren Verband. Dies war nicht sehr sportlich, denn sie gehörten zu den bösen „Blauen". Da unsere (fiktiven) Flugkörper eine Totzone hatten, wären wir den 12,7 cm Geschützen hilflos ausgeliefert gewesen! Unser Kpt zS Matzen hatte die schlaue Idee, den Tender „Rhein" so weit weg zu stationieren, mit dem Gedanken, wenn ihm einer oder zwei Fletcher folgen würden, dann könnten wir uns wechselseitig die bösen Feindzerstörer weg schießen. Da die drei Fletcher weiterhin in unserem Kielwasser blieben, rief er schließlich „Rhein" zurück. Noch war kein „Krieg", als wir nach der nächtlichen Fahrt durch den Sund an Kopenhagen vorbei den Leuchtturm Drogden passierten, als die drei Fletcher das Feuer auf uns eröffneten, was durch das Anleuchten mit Scheinwerfern simuliert wurde. Beim späteren Manöver-Washup mit den Dänen gab es deshalb viel Stunk. Kpt zS von Muthius rechtfertigte sich damit, das Ultimatum wäre sowieso abgelaufen und wir wären zwei so wertvolle Ziele gewesen. Wir nahmen unsere Versenkung nicht zur Kenntnis, vereinigten uns mit dem 2. Geleitgeschwader unter dem Führer der „Roten", Kpt zS Stricker, und lieferten später dem bösen Feind, zu dem dann auch diese Fletcher gehörten, ein Passiergefecht, bei dem wir (papiermäßig) unsere Flugkörper starteten.

Nach der Bekanntgabe des Untergangs von „U Hai" am 14. September 1966 wurde das Manöver abgebrochen und wir liefen zurück nach Bremerhaven. Während des Manövers folgte uns ständig eine sowjetische Fregatte vom Typ „Riga". Als unser Kommandant schließlich auf Kollisionskurs zu ihr ging, bekam man es drüben doch mit der Angst zu tun und verschwand.

Ein seltener Besuch : Bischöfe an Bord
September 1966
Von Oswald Jungdäubl

Ein seltener Besuch auf einem Schulschiff der Deutschen Marine fand am 22.09.1966 in Wilhelmshaven statt, als die „Scheer" von 25 Bischöfen und Erzbischöfen dort in einem Schwimmdock besucht wurde. Das Schiff war zu dieser Zeit nicht für einen hochrangigen kirchlichen Besuch vorbereitet, da es wegen umfangreicher Reparaturarbeiten im Schwimmdock des Marinearsenals lag.

Bischöfe an Bord des eingedockten
SF „Scheer"

Schweißerkabel waren über das Oberdeck verteilt und die Reparaturarbeiten hatten deutliche Spuren hinterlassen. Der Kommandant des Schiffes, KKpt Wachendorf, versuchte noch am Vortag, den Besuch auf ein anderes Schiff der Marine umzuleiten.

Die Bischöfe wurden als Delegation offiziell über das BMVg angemeldet. Sie stammten aus mehreren südamerikanischen und asiatischen Staaten und hatten an einem Konzil im Vatikan teilgenommen. Weshalb bei ihrer Kurzreise nach Norddeutschland ihr Schiffsbesuch ausschließlich der „Scheer" galt, blieb ungeklärt.

Auch später wurden dafür keinerlei Gründe genannt. Der Besuchsablauf verlief dennoch, trotz der durch die Reparatur bedingten Einschränkungen in einer Schiffswerft, problemlos. Die Gäste wurden von den beiden anwesenden Offizieren der „Scheer", dem II WO Lt zS Jungdäubl und dem SSO Lt zS Krieg, willkommen geheißen. Diese führten die Gäste zur Besichtigung über das Oberdeck und in die Maschinenräume, in zwei Gruppen getrennt.

An der Rettungsinsel - Auf das gefahrlos übers Wasser gehen
verlassen sich auch tiefgläubige Bischöfe nicht.

Mit einer Vielzahl von Fragen überraschten die Gäste die Vortragenden. Dabei galt das Interesse nicht nur der Ausrüstung, der Schiffsbrücke, der Operationszentrale und den modernen Radaranlagen, sondern auch den Maschinen- und Kesselräumen. Sie scheuten auch keinerlei Mühe, ins Innere des Schiffes hinabzusteigen, obwohl sie prunkvolle festliche Gewänder trugen.

Eminenzen von Bord

Auf einem Foto sind einige der Besucher an Oberdeck zu sehen. Ein Foto zeigt sie beim Verlassen des Schiffes. Die Fotos wurden von Bordangehörigen gemacht. Später, nach einem reichhaltigen Mittagsmenü in der Offiziersmesse, fand ein Zusammentreffen mit mehreren Offizieren statt, die offenbar aus dem nahe gelegenen Marinestützpunkt oder dem Marineamt herübergeeilt waren. Auch ein Admiral war an diesem Treffen beteiligt. Der Name ist nicht mehr bekannt. Pressevertreter waren zu diesem Anlass nicht ins Arsenal gekommen.

Eine Begleiterin aus dem Vatikan wurde sehr eingehend zu Reisedetails befragt. Sie wurde auch befragt zu planerischen Einzelheiten des Vatikans, die jedoch hierüber nichts berichten konnte. Sie stellte einen Reisebericht in Aussicht, der vergeblich erwartet wurde und sicherlich als Hintergrundinformation für die Marine von Interesse gewesen wäre.

Die SF „Scheer" im Dock des
Marinearsenals
in Wilhelmshaven,
22. September 1966

Sparsamkeit
Oktober 1966
Von Alfred Meyer

Ich kam am 05.10.66 als Seemännische Nr. 1 an Bord. Eine Auslandsfahrt stand gleich danach an. Es ging nach Gibraltar. Viel Zeit blieb mir also nicht, um mich zu überzeugen, dass entsprechende Versorgungsgüter angefordert waren. Man bestätigte mir, das hätte mein Vorgänger noch veranlasst, was auch der Versorgungsunteroffizier Wiese so aussagte. Woran keiner gedacht hatte, war, ausreichend Toilettenpapier zu bunkern. Und wie hätte ich als Neuling auf die Idee kommen sollen, dass gerade dieses Probleme bereiten würde. Mit uns fuhr ein Lehrgang der MOS. Somit war der Verbrauch auch entsprechend. Damit wurde ich kurz vor Gibraltar konfrontiert. Mir war bekannt, dass man im Ausland wegen der Devisen und wegen des diplomatischen Weges nichts einkaufen sollte. Trotzdem unterrichtete ich die Schiffsführung von dem Mangel. Man war entsetzt und erklärte mir frank und frei, dass man mich bestraft hätte, wäre ich schon länger an Bord gewesen, denn so etwas hätte nicht passieren dürfen. Der Versorger wurde beauftragt, in Gibraltar Toilettenpapier zu besorgen. Da die Schiffsführung, sprich auch Rechnungsführer, keine Devisen an Bord mitführte, blieb es dem Verhandlungsgeschick des Versorgungsmaaten und wohl auch dem I WO überlassen, die Briten zu überzeugen, dass die Rechnung über den diplomatischen Weg beglichen würde. Was auch letztlich geschah, mit einem saftigen Donnerwetter an die Schiffsführung, zumal die Rechnung bei rund 600 DM gelegen haben soll. Es wurden 600 Rollen englischen Toilettenpapiers geliefert. Es glich Pergamentpapier, so glatt war es. Man fragte sich, wie man damit den Allerwertesten säubern sollte und machte auch entsprechende Witze, z.B. Loch hineinbohren und dann den Finger hindurch. Weiter brauche ich wohl nicht zu erzählen. Der Besatzung und dem Lehrgang wurde diese Kata-

strophe gebeichtet und alle gebeten, mit dem deutschen Toilettenpapier sehr sparsam umzugehen, was auch geschah. Was auf der
Hinreise zu viel verbraucht wurde, wurde nun auf der Rückreise
eingespart. Das englische Papier brauchte nicht auf die Toiletten
verteilt werden. Es wurde irgendwo an Bord gelagert und war
wohl bis zur Außerdienststellung an Bord. Fazit war, dass der Ver-
sorgungsmaat ab sofort mehr in die Bestellungen bei den allgemeinen Verbrauchsgütern eingebunden war.

Der abgestürzte Starfighter
1966
Von Ludolf Richter

Als einer von vielen Piloten stürzte 1966 Oberleutnant Siegfried
Arndt vom Jagdgeschwader Richthofen nördlich von Helgoland
ab. Es gelang ihm zwar, sich mit dem Schleudersitz heraus zu ka-
tapultieren, er konnte jedoch erst 17 Tage später, auf einer Hallig
angeschwemmt, tot geborgen werden. Wenn ich mich recht erinnere, soll sich der Fallschirm im Wasser nicht gelöst haben, sodass
Arndt ertrank. Kaum war der Absturz bekannt, befahl das Flottenkommando eine groß angelegte Suche im Raum Helgoland mit
Zerstörer „Bayern", unserer „Scheer", allen einsatzklaren KM-
Booten aus Cuxhaven (6. MSG) und Wilhelmshaven (4. MSG)
sowie den ex-US-Landungsbooten des Landungsgeschwaders:
alles in allem 17 oder 18 Fahrzeuge, wenn ich mich recht erinnere.
Unter der Leitung der „Bayern" bildeten wir die wohl längste
Dwarslinie der Bundesmarine und liefen von nördlich Helgoland
aus einen südwestlichen Kurs, wobei die Boote stark unter der
stürmischen See zu leiden hatten. Wir hatten den „Sarah"-Seenot-
empfänger aktiviert (wir hatten als einzige ein solches Gerät),
konnten jedoch kein Signal des Seenotsenders des Piloten empfan-
gen. KKpt Wachendorf regte sich sehr über den befohlenen Süd-

westkurs, d.h. in Windrichtung, auf. Seiner Meinung nach sei der Pilot nur bis zum Erreichen der Wasseroberfläche mit dem Fallschirm in Windrichtung, dann jedoch von der Strömung erfasst und in nordwestlicher Richtung getrieben worden. Am ersten Tag verlief die Suche ergebnislos. Wegen des schlechten Wetters blieben nur wir und „Bayern" draußen, wobei wir in den Hafen von Helgoland einliefen. Auch am nächsten Tag hatten wir keinen Erfolg. Wie wir einige Wochen später erfuhren, hatte es inzwischen einen Bericht in der „Wilhelmshavener Zeitung" gegeben (anonyme Quelle!), dass man auf dem Küstenminensuch-Boot „Düren" vom 4. MSG, dem mit am weitesten westlich (dies bestätigte die Meinung des Kommandanten mit dem Abtreiben in Richtung Strömung!) stehenden Boot, den Fallschirm überfahren hatte!! Dies hatte der Kommandant jedoch nicht gemeldet. Dies soll zu disziplinaren „Würdigungen" geführt haben!

Ruderversager
1966
Vom Helmut Martin (STO)

Wir sollten bei sehr dichtem Nebel aus Bremerhaven auslaufen. Kommandant war Kapitän Steffan, der das Auslaufen verzögern konnte, aber am Nachmittag machte die MOS Druck und es ging los. Im Wremer Loch gab es plötzlich Ruderversager, wir gingen im Rudermaschinenraum auf Station. Dort stellte ich fest, dass das Ruder hart Backbord lag. In diesem Moment liefen wir auch schon mit Steuerbord-Seite auf die Wattkante und saßen fest. Durch Umtrimmen und mit etwas Glück kamen wir etliche Stunden später mit auflaufend Wasser wieder ohne fremde Hilfe frei. Nach der Havarie-Erstmeldung war eine Fregatte aus Wilhelmshaven losgeschickt worden, die uns freischleppen sollte, die nun aber wieder umkehren konnte. Was war passiert? Der Kurswechsel im Wremer

Loch wurde vom Rudergänger ausgeführt, doch der Kreiselkompass reagierte nicht. Darauf wurde das Ruder weiter nach Backbord gelegt und als der Kreisel weiterhin nicht reagierte, Ruderversager ausgelöst. Die Drehung des Schiffes um genau 180 Grad wurde aufgrund des dichten Nebels von niemanden wahrgenommen. Es war lediglich die Übertragung vom Mutterkompass zur Brücke ausgefallen. Ein Blick auf den Magnetkompass hätte geholfen!

Wie konnte das passieren
1966
Von Heinz-Werner Sass

Lange Zeit war das Thema für mich tabu, weil ich mich abgrundtief geschämt habe. Heute kann ich drüber lachen. Ich meldete mich versetzt von „Tender Main" als junger Matrose auf „Schulfregatte Scheer" in Bremerhaven. Das übliche Ritual lief ab mit der Rollenverteilung. Ich hatte die Manöverstation auf der Brücke als Posten Maschinentelegraph. Wie üblich wurden zum Auslaufen die Schlepper wahrgenommen und wir wurden in die Kaiserschleuse verholt. Nach dem Schleusen sind wir dann mit eigener Kraft ausgelaufen. Wie es allen bekannt war, mussten wir nach der Schleuse mit hart Steuerbord in das Fahrwasser eindrehen. Dazu mussten die Maschinen zu Hilfe genommen werden. Mit Ruder hart Steuerbord, Bb-Maschine voll voraus und Stb-Maschine voll zurück wurde das Manöver eingeleitet. Aber nicht mit mir. Im Eifer des Gefechtes verwechselte ich Bb. und Stb. und die Maschinen liefen entgegengesetzt. Ich bemerkte es erst, als ich auf den Umdrehungsanzeiger schaute und ein Schauer ging mir den Rücken runter. Da die Brückenbesatzung bis auf den Rudergänger und einen Navigasten alle in der Nock waren, bemerkte das niemand. Nur schwerfällig drehte „Scheer". Kein Wunder. Das konnte ich aber unmöglich melden. Ich riss eigenmächtig die Hebel des Maschinen-Telegraphen in die richtige Stellung. Jetzt half nur noch Beten. Das Schnarren des Telegraphen hörte niemand, weil sie alle in der Nock waren. Unendlich langsam veränderten sich die Umdrehungen. Als der I WO dann doch ins Ruderhaus gekommen ist, schaute er auf die Anzeige, aber die Maschinen hatten da schon ihre Sollumdrehungen erreicht. Kopfschüttelnd ging er wieder in die Nock. Der Kelch war an mir vorrübergegangen. Natürlich hatten die Schwarzfüße im Leitstand das mitbekommen, hielten aber dicht und mit einem Schächtelchen Pils war dann der Käse gegessen. Nie wieder ist mir das passiert.

Aber eine kleine Abrechnung habe ich doch bekommen. Beim Rollenschwoof war ich Mann auf der Leiter. Beim „Mann über Bord-Manöver" musste ich vorne auf die Leiter, wurde angeschnallt und die Leiter wurde, gehalten von vier Schwarzfüßen, außenbords geschoben, wo ich den Rettungsring rausholen musste. Natürlich ganz zufällig senkten sie die Leiter ab und ich war mit voller Montur im Wasser verschwunden. Prustend zogen sie mich an Bord und grinsten. Strafe muss sein.

Wahrschau Butter
1966/67
Von Heinz-Werner Sass

Es war ein schöner Sonntagabend. Der größte Teil der Besatzung war an Land. Fast nur die Wache war an Bord von SF „Scheer". Backen und Banken war angesagt. Im Deck war es unerträglich heiß. Im Seeziegendeck wurde aufgebackt, die Butter und Käse wurden aus den dafür vorgesehenen, ungekühlten Vorratsspinden genommen und auf die Back geknallt. Die Butter roch aber schon ranzig. Kein Wunder bei den Temperaturen. Was damit machen? Ein Kamerad nahm die Butter und drückte sie mit einem wohlgezielten Wurf samt Teller aus dem Bulleye. Alle warteten auf das Platschen. Was folgte war ein weiblicher Aufschrei. Was war geschehen? Ein Kamerad schaute aus dem Bulleye und sah unten neben dem Schiff ein Ruderboot mit einem Werftgrandi und seiner Freundin bei einem Sonntagsbootsausflug. Die Butter hatte sie voll erwischt. Au ha, wat nu? Der wütende Werftgrandi steuerte sein Boot fluchend an die Pier und rannte zur Wache. Dann ging das Geschrei im achteren Quergang schon los. „Wer war das?" Der Unteroffizier von Dienst (UvD) rannte durch alle Decks. Da das 11er-Deck zuletzt zu erreichen war, haben wir blitzschnell abgebackt. Als der UvD dann schäumend im Deck stand, war nichts mehr auf der Back, also konnten wir es auch nicht gewesen sein. Das F-Deck hat alles einstecken müssen. Dafür, dass sie es nicht gewesen sind, haben wir die Jungs später zum Bier eingeladen und uns köstlich amüsiert.

SF „Scheer" als Totenschiff
Mai 1967
Von Alfred Meyer

(Eine etwas traurige Geschichte aus der Seefahrt)

Es war Mai 1967. Wir ankerten nachts über im schleswig-holsteinischen Teil der Elbmündung im Rahmen der üblichen Ausbildung für die Ortungsschule. Es war kalt, die Elbe führte leichten Eisgang. So gegen vier Uhr morgens schallte es plötzlich aus den Lautsprechern: „Bootsmannsgruppe an Deck zum Leiche bergen." Die Kameraden waren auch recht schnell an Oberdeck. An Steuerbordseite trieb ein Toter achteraus, den wir zunächst versuchten, mit Bootshaken längsseits zu holen, was wegen deren Kürze aber nicht gelang. Da das Bergen von Wasserleichen des Seemanns Christenpflicht ist, ließ der Kommandant die volle Seewache aufziehen, ließ Ankerlichten und fuhr dem Toten hinterher. Es gelang den Ausguckposten Blickkontakt zu halten, so dass die Schiffsführung die „Scheer" so positionieren konnte, dass man den Toten jetzt mit einem Bootshaken fassen und längsseits bringen konnte. Das sogenannte Enternetz war so zu Wasser gelassen worden, dass man die Leiche dort hinein bugsieren konnte. Mit vereinten Kräften, zwischenzeitlich waren auch andere Kameraden zur Bootsmannsgruppe gestoßen, wurde das Netz empor gehievt und letztlich an Oberdeck abgelegt, wo man den Toten mit einer Plane abdeckte. Für alle, die an dieser Aktion beteiligt waren, war es das erste Mal, eine Wasserleiche zu bergen. Vom Alarm bis zur Bergung waren gut zwei Stunden vergangen, so dass der Alte sich entschloss, langsam Richtung Bremerhaven zu fahren. Die Seeflagge war zwischenzeitlich bzw. in dem Moment, als der Tote an Deck lag, halbstocks gesetzt worden. Anzumerken ist hier noch, dass fast alle, die bei der Bergung dabei waren, an diesem Morgen Probleme mit dem Frühstück hatten, nämlich darauf verzichteten. Ich habe ordentlich gefrühstückt. Daraufhin sah dann alles halb so wild aus. Während der Rückfahrt haben sich dann viele den Toten angesehen, dem man ansah, schon eine längere Zeit im Wasser gelegen zu haben. Die Möwen waren nicht untätig geblieben. Später erfuhren wir, dass es sich bei dieser Leiche um einen von drei Seglern handelte, die im Dezember noch vor Weihnachten ein Boot von Bremerhaven nach Cuxhaven überführen wollten und dabei in schweres Wetter gerieten, das für sie tödlich war. Beim Einlaufen nach Bremerhaven ließ der Kommandant das entsprechende Signal aus dem Signalhandbuch setzen: „Toter an Bord." Nach dem Festmachen war sofort die Wasserschutzpolizei an Bord erschienen, aber auch zwei Angestellte eines Beerdigungsinstitutes. Mir fiel auf, dass beide eine ordentliche Alkoholfahne vor sich her trugen, ob nun wegen der Leiche oder weil sie es zu dieser Zeit schon brauchten (so gegen Mittag).

Ein paar Tage später, vielleicht in der folgenden Woche, befand sich die „Scheer" wieder auf Ausbildungsfahrt für die Ortungsschule im Bereich der Wesermündung bzw. der Jade. Wie hier nun der Kontakt mit einem Boot des Wasser- und Schifffahrtamtes zustande kam, kann ich nicht sagen. Ich weiß heute nur, dass die Besatzung dieses Bootes eine Wasserleiche aufgefischt hatte, die wir übernehmen sollten, was dann auch geschah, was dieses Mal für alle auch unproblematischer ablief aufgrund des Gewöhnungseffektes (?!). Die gleiche Prozedur lief ab, Flagge auf halbmast, entsprechendes Flaggensignal an der Rah. Die Medien hatten ordentlich etwas zu berichten, die „Scheer" wurde schon als „Totenschiff" tituliert – wie der Fliegende Holländer. Das hatte zur Folge, dass nach einer weiteren Ausbildungsfahrt der Alte beim Einlaufen nach Bremerhaven ein entsprechendes Flaggensignal setzen ließ: „Heute keine Leiche an Bord!"

Verfluchte See
Juni 1967
Von Alfred Meyer

Auch dieses Ereignis spielte sich 1967 ab, ich denke, es war im Juni. Die Geschichte fiel mir verstärkt wieder ein, nachdem jetzt der Fischkutter „Hohe Weg" südöstlich von Helgoland nach vermutlich einer Grundsee von Achtern, die das Schiff überrollte, kenterte und letztlich sank. Was war im Juni 67 passiert?

Die „Scheer" war von Bremerhaven aus in Richtung Helgoland ausgelaufen. Es hatten sich Radarfachleute eingeschifft, die spezielle Erprobungen durchführen wollten. Ihre Geräte hatten sie in einer schon fest aufgebauten Hütte auf dem Oberdeck beim achteren Radarmast zu Testzwecken ein- und aufgebaut. Um was es bei dieser Erprobung ging, weiß ich heute nicht mehr. Warum wir uns mit der „Scheer" zwischen der schleswig-holsteinischen Küste und

Helgoland bewegten, kann ich auch nicht sagen. Das Wetter war gut, die See hatte Stärke 4, die wachfreie Besatzung hielt sich an Oberdeck auf, wobei hier der achtere Teil des Schiffes gemeint ist, auch Schanz genannt. Die „Scheer" lief mit langsamer Geschwindigkeit vor der See mit südlichem Kurs. Vom Prinzip her alles kein Problem, ja, wenn da nicht diese eine Welle gewesen wäre.

Ob es nun eine Grundsee war, oder eine der sogenannten Monsterwellen, oder sonst eine überaus hohe Welle, keiner konnte es später so recht sagen. Die „Scheer" wurde urplötzlich von achtern überrollt und legte sich nach Backbord auf die Seite. Später hieß es, es war eine Schräglage von 55 Grad gewesen. Es hatte den Anschein, dass sie sich nicht wiederaufrichten würde. Das Wasser kam schon über die Reeling. Überall im Schiff hörte man es poltern. Unsereins, der auch an Oberdeck stand, musste sich an der Steuerbordreeling festklammern, sonst wäre man übers Deck getrudelt. Gottseidank kam keine zweite derartige Welle, obwohl letztlich eine Welle half, die „Scheer" wieder aus der gefährlichen Schräglage aufzurichten. Noch rechtzeitig, denn in der Kesselanlage war es kurz vor dem Dampfabblasen, da die Wasserstände verrückt spielten. Fest steht, dass die „Scheer" sehr großes Glück gehabt hat. Auch wenn dieser Typ von Fregatte ein reines Stehaufmännchen war, eine zweite derartige Welle hätte sie vollends zum Kentern gebracht. Das ist uns allen erst sehr viel später zum Bewußtsein geworden.

Die Erprobung wurde unverzüglich abgebrochen, hätte auch nicht fortgesetzt werden können, da alle Geräte, die natürlich seefest verzurrt waren, zu Bruch gegangen waren. Auch bordinternes Gerät ging so zu Bruch, denn nicht alles war seefest verstaut worden. Warum auch, es war ja kein schlechtes Wetter angesagt gewesen. Fatal war aber auch, dass keiner von der Besatzung seine Schwimmweste bei sich hatte. Im Nachhinein ist eigentlich nie groß darüber geredet worden. Es war ja alles gut gegangen. Und das Schlechte vergisst man meistens sehr schnell. Wer dieses als Seemannsgarn abtun will, braucht nur den Webmaster zu fragen. Auch dieser kann sich an dieses Ereignis erinnern.

Der vermaledeite Anker
August 1967
Von Alfred Meyer

Es war gut ein Jahr später, als fast das gleiche passiert wäre wie damals im August 1966 im Ärmelkanal. Die „Scheer" machte die letzte Auslandsfahrt, was die Besatzung aber noch nicht ahnte. Wir waren auf der Rückfahrt von Ceuta und befanden uns bei dem jetzt geschilderten Ereignis in der Biscaya. Schweres Wetter war angesagt worden mit Windstärken um acht bis neun, Seegang entsprechend sechs bis acht. Dementsprechend war alles ordentlich seefest gemacht worden, unter Deck und auch an Oberdeck. Durch die Vorgeschichte vor einem Jahr gewarnt, was noch vor meiner Zeit geschehen war, denn ich kam erst am 05.10.66 als Seemännische Nr. 1, heute Decksmeister genannt, auf die Schulfregatte. Die „Scheer" hatte im Ärmelkanal bei ähnlichem Wetter Anker samt Kette verloren. Beides konnte später aber offensichtlich mit Gottes Hilfe gefunden und geborgen werden. Daher kontrollierte ich die Anker auf ordentliche Sicherung. Beide Kettenstopper waren angelegt, die Splinte waren entsprechend mit Taklings versehen, die Anker mit dem Kettenvorlauf hingen in den Stoppern. Der Alte hatte sich einen Frachter, der den gleichen Kurs lief, als Wellenbrecher ausgesucht. Doch das half offensichtlich nicht viel, denn die „Scheer" war ganz schön am Stampfen. Die Erschütterungen beim harten Einschlagen in die See gingen auch auf die Anker über, die ich gut gesichert glaubte. Bei einem Rundgang übers Schiff am späten Abend ging ich auch auf die Brücke, um von dort einen Blick auf die Back zuwerfen, da ein Gang übers Oberdeck nach dort nicht möglich war. Ich stellte fest, dass sich am Backbordanker ein Kettenstopper gelöst hatte. Zwangsläufig machte ich Meldung beim Kommandanten, das technische Personal wurde informiert und es wurde beraten, was zu tun ist. Mein Vorschlag war, das Spill als zusätzliche Bremse mit einzubeziehen, was die Heizer aber ablehnten. Erst ein Machtwort des Alten half. Das Schiff wurde nun um 180 Grad gedreht, sodass wir, natürlich angetan mit Schwimmwesten, die Back betreten konnten. Zwischenzeitlich war auch Dampf auf die Spills gegeben worden, sodass die Kette soweit angezogen werden konnte, dass der Anker stramm in der Klüse hing. Die Stopper wurden erneut gesetzt, die Splinte seemännisch gerecht gesichert. Der Spillkopf blieb eingerastet, die Bandbremse wurde zusätzlich ordentlich angezogen. Dadurch wurde nun ein Schlagen des Kettenvorlaufes an Oberdeck unterbunden, was offenbar vorher die Ursache für das Lösen des Kettenstoppers war und vermutlich ein Jahr zuvor ursächlich auch für den Verlust zeichnete. Wir kamen jedenfalls mit beiden Ankern in Bremerhaven an. Beim Abdrehen gegen den Wind wurden wir noch von dem Frachter angemorst, ob wir Hilfe benötigten, was verneint wurde. Fazit der Geschichte: „Vertrauen ist gut, Kontrolle ist besser!".

Versorgung auf See
September 1967
Von Alfred Meyer

Das, was ich zu berichten habe, sind eigentlich zwei Geschichten. Es ging um das Manöver „Botany Bay" im September 1967, an dem die „Scheer" letztmalig an so einem Ereignis beteiligt war. Danach kam nichts mehr, nur die Außerdienststellung im Dezember 1967. Die erste Geschichte spielte sich im Hafen ab, bei den

Vorbereitungen zu diesem Manöver. Davon mitbekommen haben es die Wenigsten an Bord. Irgendwann in dieser Zeit kam der I WO, KptLt Kreft, zu mir und sagte, dass die „Scheer" mit zu einem Flottenmanöver muss und es dabei vorgesehen sei, auch Versorgungsübungen in See durchzuführen. Seine Frage ging dann dahin, ob wir, somit auch ich, dazu in der Lage wären. Ich sah darin keine Probleme, hatte ich doch mit der „Emden" und „Zerstörer 4" genug solcher Übungen gefahren. Und meine Bootsmannsgruppe sah ich auch fit. Nur, es gab technische Probleme. Die „Scheer" war ja vor nicht allzu langer Zeit umgebaut worden. Man hatte auch entsprechende Augen für eine Seeversorgung anbringen lassen, es aber versäumt, diese zu testen, zu zertifizieren und entsprechende Beschilderung anzubringen. Weder bei mir in den seemännischen Unterlagen, noch bei der Schiffsführung, noch bei der Schiffstechnik gab es entsprechende Protokolle. Das war der Grund, dem I WO zu erklären, dass ich eine Seeversorgung unter diesen Umständen ablehnen muss. Nun war Ratlosigkeit angesagt. Der Kommandant, KKpt Wachendorf, wurde zum Gespräch hinzugebeten, später auch der STO. Man versuchte, mich zu überreden, es trotzdem zu tun. Ich lehnte eisern ab, mit der Begründung, sollte etwas passieren, dann wäre ich der Dumme, denn als Seemännische Nr. 1 hätte ich wissen müssen, dass alle Augen amtlicherseits hätten geprüft sein müssen. Zum anderen, sollte die Schiffsführung auf eine Seeversorgung bestehen, hätte man mir die Ausführung als Befehl schriftlich geben müssen. Das wollte man dann auch nicht. Der Flottenführung wurde dieses Manko mitgeteilt. Die „Scheer" sollte zwar im Manöver die entsprechenden Manöver und Aufträge mitfahren, doch bei Seeversorgung dieses nur mit Abstandsleine tun, damit die Schiffsführung und Brückenbesatzung ein Gefühl für solches Nebeneinanderherfahren bekäme. Irgendwann später bekam ich vom Alten noch ein Lob, weil ich mich so hartnäckig geweigert hatte.

Aber damit war das Flottenmanöver noch nicht zu Ende, es folgt jetzt die zweite Geschichte. Diese mag schon einmal öffentlich gemacht worden sein, vielleicht im „Marineforum"? Vielleicht hat auch irgendeine andere Marine-Zeitschrift darüber berichtet, ich weiß es nicht. Als Direktbeteiligter erlaube ich mir, trotzdem darüber zu berichten. Zu jener Zeit, 1967, herrschte noch der sogenannte Kalte Krieg. Bei fast jedem bundesdeutschen Marinemanöver bzw. bei entsprechenden Flottenansammlungen waren Zaungäste dabei. Die unter Wasser bekamen wir natürlich nicht zu Gesicht, dagegen die Überwasserschiffe. Diese rekrutierten sich zumeist aus der ehemaligen DDR und waren in der Regel Hochseeminensuchboote vom Typ „Krake", die entsprechend fernmeldemäßig ausgerüstet waren, die vielen Antennen zeigten es. Bei diesem Manöver bewegten wir uns von der Nordsee über den Skagerrak, das Kattegat in die Ostsee. Auf dem Wege dorthin ließ mich der Kommandant auf die Brücke kommen: „Schmadding, wir wollen den Statthalter mal versorgen, der ist schon so lange von zu Hause weg. Nimm einen Rettungsring, mache diese Buddel Schluck und diese Dose Konserven irgendwie daran fest und lasse dann alles an langer Leine achteraus treiben. Wir versuchen, den Kameraden zu überreden, das Geschenk aufzufischen." Ich schnappte mir einen schon älter aussehenden Ring, ein oder zwei Kameraden der Bootsmannsgruppe, und gemeinsam brachten wir ein netzähnliches Ding an dem Rettungsring an. Daran befestigten wir dann die Flasche und die Dose, nahmen unsere längste Wurfleine und ließen die Sachen achteraus gleiten. Der Alte hatte die Geschwindigkeit und den Kurs so gewählt, dass man sich auf fast gleicher Höhe mit der „Krake" bewegte. Die Signäler versuchten, Kontakt herzustellen, was wohl auch gelang, doch mit ablehnender Antwort. Jedenfalls wurde der Rettungsring von der Gegenseite nicht aufgefischt. Er ging jedoch verloren, weil die „Krake" ihn unter ihren Kiel nahm. Ob dieses nun gewollt war oder aufgrund von Fahrmanövern, die nicht vorhersehbar waren, das konnte ich achtern auf der Schanz nicht einschätzen.

Eine „Krake", UvD der DDR-Volksmarine

So war das 1967. Jetzt, viele Jahre später, kennen wir solchen Spuk nicht mehr, denn 1989 ging die Zweiteilung Deutschlands zu Ende und somit kam das Aus für die „Volksmarine", im Prinzip auch für die „Bundesmarine", die ja jetzt „Deutsche Marine" heißt.

Die Schiffsglocke
1958/1967/2010
Mündlich überliefert

Die HMS „Hart" wurde im Dezember 1958 auf der Werft Vickers-Amstrongs & Palmers (Hebburn) in Newcastle upon Tyne in England grundüberholt, um als Schulfregatte an die Bundesmarine abgegeben zu werden. Dabei wurde die Schiffsglocke der „Hart" abgehängt und sie blieb in England. Eine neue Glocke sollte erst nach der Überführung nach Deutschland beim anschließenden Großumbau aufgehängt werden.

Als echter Seemann wollte der Kommandant KKpt Wolf aber nicht ohne Schiffsglocke zur See fahren, denn das wäre kein gutes Omen gewesen und hätte nach alter Seemannsweisheit Unglück gebracht. Doch woher nehmen, wenn nicht … ?

Findige Mariner der Erstbesatzung machten sich auf die Suche nach einer geeigneten Glocke und fanden in der Kapelle eines nahe gelegenen Friedhofes eine in der Größe passende Glocke. Heimlich und mit allergrößter Vorsicht wurde die Kapellenglocke abgehängt und an Bord gebracht.

Der Kommandant nahm den Delinquenten die Beichte ab, konfiszierte zur Strafe die Glocke aus dem Kirchen-„Schiff" und machte sie zur neuen „Schiffs"-Glocke der HMS „Hart", bzw. der Schulfregatte „Scheer". Zur Buße verordnete er strengstes Stillschweigen und hielt sich auch selbst an das Beichtgeheimnis.

Nun konnte der Kommandant das Schiff beruhigt nach Bremerhaven überführen. Die Kapellenglocke wurde mit der Übernahme im Bestand des Schiffes als Schiffsglocke geführt. Bis weit nach der Außerdienststellung 1967 war das Geheimnis der Glocke niemandem außer den direkt Beteiligten bekannt.

Nach der Außerdienststellung im Dezember 1967 bewahrte der letzte Schmadding der Schulfregatte, Bootsmann Alfred Meyer, die Glocke vor dem Verschrotten auf einer Hamburger Abwrackwerft. Er baute die Glocke ab und nahm sie zu sich, damit sie nicht auf Nimmerwiedersehen verschwände. Später stellte Meyer die Glocke der „Bordkameradschaft Scheer" zur Verfügung. Heinz-Werner Sass nahm die Glocke in Verwahrung und ließ die Gravur „F 216 Scheer" anbringen, damit die Kapellenglocke wie eine richtige Schiffsglocke aussieht. Sie wurde auf einem Treffen der Bordkameradschaft im April 2010 in Bremerhaven zusammen mit Gösch, Namensschild und dem Modell „Kleine Scheer" dem Kommandeur der Marineoperationsschule, Kpt zS Gerd Kiehnle, übergeben. Offensichtlich ist vorher kaum jemandem aufgefallen, dass die Glocke keine Gravur trug und einen für Kirchenglocken üblichen Kranz, aber nicht die einfache Aufhängung für Schiffsglocken, aufwies.

Das Traumschiff
1967
Von Joost Kirchhoff

Sie war ein gutes Schiff, die „Scheer",
sie trug uns zu den fernen Küsten,
doch leider gibt es sie nicht mehr.
Nur ihre Flagge, die wir hissten,
die flattert noch durch unsere Träume.
Kein Geisterschiff ist hier gemeint –
des Schiffes Geist weht durch die Räume,
um dies zu spüren, sind wir heut vereint.

Aufgezeichnet von Gert Boie

Die Bordhunde der SF „Scheer"

Erster Bordhund „Malo" 1960/61
Von Manfred Heinken

Wir haben im Oktober 1960 von St. Malo die ersten Küstenminensuchboote der Marine abgeholt. Hier hat uns ein in Frankreich gebliebener Soldat aus dem 2. Weltkrieg aus einer Tasche voller Hunde einen kleinen Hund, einen Mischlingwelpen angeboten.

„Malo" als junger Welpe in der Anfangszeit seines Seefahrerlebens.

Die großen, verträumten Augen hatten es den Lords sofort angetan und nun musste nur noch der Kommandant überzeugt werden. Es gab zähe Verhandlungen mit Kapitän Wolf, aber schließlich durfte der Lütte aus St. Malo bleiben. Wir haben ihn dann einfachheitshalber auf den Namen „Malo" getauft. Kapitän Wolf hat die Erlaubnis nur gegeben, wenn der Hund ihn auch als Kommandanten akzeptiert. Das hat nicht immer so geklappt. Wenn der Kommandant etwas Wichtiges zur Mannschaft zu sagen hatte, dann hing er immer an den flatternden Hosenbeinen unseres Alten und schüttelte diese richtig durch.

Der Kleine wurde von den Matrosen zunächst in der Brusttasche getragen – das gefiel ihm sehr. Es ist auch vorgekommen, dass er sich in eine Koje gelegt hat und der Seemann auf der Bank schlief. Der Zimmermann hat ihm dann eine vollkardanisch aufgehängte Koje gebaut. Aber seekrank ist „Malo" nie geworden.

Wenn Flugzeuge über die „Scheer" hinwegflogen, dann war er in seinem Element. Die verfolgte er vom Heck bis zum Bug und war wild am Kläffen. Flugzeuge konnte er nicht leiden.

Im Hafen war er immer einer der ersten Landgänger.

Wir haben sehr viel Freude mit ihm gehabt.

Bei der ersten Außerdienststellung der „Scheer" im September 1961 ging „Malo" zunächst mit auf die Ortungsschule.

Es war wohl nicht sein Ding. Ein Bootsmann hat ihn dann mit nach Hause genommen. Die „Scheer" hat er nicht wieder gesehen.

Wir wurden in alle Winde verstreut. Ein Gerücht machte noch die Runde: „Malo" war ja eine Französin und sollte mit dem Hund vom Hafenschlepper „Mellum", der auch wesentlich größer war als „Malo", eine innige Freundschaft gehabt haben, die nicht ohne Folgen geblieben ist. Der Schuft von der „Mellum" hat sich um seinen Nachwuchs nicht gekümmert und „Malo" hat mit der Geburt ihres Nachwuchses große Schwierigkeiten bekommen und ist wohl in den Hundehimmel abberufen worden.

Zweiter Bordhund „Pushkin"
Von Niko Schmitz

Nach ihrem Umbau wurde die „Scheer" im November 1962 wieder in Dienst gestellt. Nachdem alle Festlichkeiten vorüber waren und der Alltag eintrat, erinnerten sich die alten Scheer'er

der Stammbesatzung daran, dass sie den Bordhund „Malo" nicht mehr hatten. Also musste ein neuer her.

Hier beginnt die Geschichte von „Pushkin", dem zweiten Bordhund der „Scheer". Im kalten Winter 1962/63 kam „Pushkin" an Bord. Woher er kam, ist nicht mehr bekannt, aber er war sehr umgänglich und lernfähig. „Pushkin" lebte sich auf dem schneebedeckten Oberdeck gut ein.

„Pushkin" wurde zum Gefreiten befördert und bekam einen Exkragen. Wenn sich die Lords landfein machten, bekam auch Gefreiter „Pushkin" seine Erste Geige an und durfte mit seinen Kameraden an Land, in die große Stadt.

Einmal ging es in Bremerhaven zuerst auf eine große Wiese oder ein anderes Mal hoch in die Rickmerstraße zum Mäusefangen und anschließend in die Hafenschänke „Sputnik", denn welcher Lord hat schon einen Gefreiten an der Leine vorzuzeigen.

„Pushkin" hatte die Angewohnheit, nachts die Nähe eines Menschen zu suchen und so schlich er sich immer in die belegten Kojen, um mit zu schnarchen, sobald Ruhe im Deck eingekehrt war.

Gefreiter „Pushkin" war eigentlich aller lieber Freund und Kamerad, aber wenn er Hühnern begegnete dann flippte er immer aus. Nach einem langen Seetörn und anschließendem Landgang, riss „Pushkin" edle Zwerghühner, was mächtigen Ärger mit dem Besitzer und unserem Käpt'n gab.

Dieses Ereignis war dann das Aus für Bordhunde auf der „SF Scheer". Was aus ihm geworden ist, ist nicht bekannt.

„Pushkin" mit
Niko Schmitz
bei der
Entgegennahme
des Tagesbefehls

Die Schulfregatte „Scheer" im Modell

Aus der Segelschiffszeit kennen wir Segelschiffsmodelle, seien sie aus Holz, aus Pottwalzähnen oder als Buddelschiffe, die auf den langen Fahrten und in anhaltenden Flauten an Bord entstanden sind. In vielen Kirchen an der Küste sind sie als Votivgaben zu finden. Kapitän Fred Schmidt schreibt dazu in seiner Schrift „Von den Bräuchen der Seeleute": „Kein Wunder, daß Jan Maat diesem Gegenstand seiner brennenden und unauslöschlichen Verehrung – auf dem nächsten Schiff war es dann das jetzige! – ein bleibendes Zeichen zu setzen wünschte, ein sichtbares Mal seiner Bewunderung: er baute ein Modell davon. Holz dafür war in der Timmermann-Hock leicht gefunden, wenn man 'n Piep Tobak mitbrachte. […] Nun lieh Jan Maat sich noch eine Raspel und etwas Sandpapier. Damit hatte er alles, was er brauchte. Denn zusammen mit seinem Schneidemesser blieben die erwähnten Dinge meistens die einzigen technischen Hilfsmittel für das geplante Werk – außer den zehn Fingern des Modellbauers, heißt das. In diese schien der Herrgott allerdings mehr, als bei anderen Sterblichen üblich, eingebaut zu haben und etwas wie einen eigenen Verstand dazu. Denn anders ist nicht zu erklären, was da oft an zierlichem Machwerk unter diesen so unbeholfen aussehenden hornigen Matrosenflossen, gezeichnet mit allen Marken schwerer und gefährlicher Arbeit, entstanden ist." [1]

Die Zeit der Großsegler ist vergangen und der Schiffsmodellbau inzwischen zu einer festen Sparte im Modellbauwesen geworden. Firmen wie Revell, Hansa oder die Wilhelmshavener Modellbaubögen bieten Modellbausätze aus Holz, Plastik oder sogar Karton an. Auch mit Lego-Steinen lässt sich arbeiten. Aber einen Modellbausatz für die Schulfregatte „Scheer" gab es zunächst nicht.

---

[1] Schmidt: Bräuche, S. 167-168

Diese Lücke haben mehrere Bordkameraden der „Scheer" mit eigenen „echten" Modellen gefüllt. Zwar nicht aus Mahagoniholz geschnitzt, doch Raspel und Sandpapier waren nach wie vor auch für die auf Werk- und Drehbank gefertigten Modellteile gefragt.

Es war nicht ganz einfach, Unterlagen für den Bau der Modelle zu bekommen – vor allem vor den 1980er Jahren, als noch alle Bauunterlagen für Kriegsschiffe als Verschlusssache eingestuft waren. Heinz-Werner Sass berichtet, dass ein Wilhelmshavener Scheerkamerad Bekannte bei der Seebeckwerft und Beziehungen zur Wilhelmshavener Zeitung hatte. Von diesem Kameraden ging dann ein Bauplan an ihn. Einen Teil der Werftunterlagen steuerte der letzte Kommandant Dietrich Wachendorf bei. Wo Unterlagen zum Bau fehlten, mussten Photos herhalten. Ansonsten wurden Erfahrungen mit Kameraden zum Bau über eMails ausgetauscht und über den jeweiligen Bauzustand Photos übermittelt.

Sechs Modelle der Schulfregatte „Scheer" werden hier vorgestellt.

Das Schwarz-Modell

Peter Schwarz zählte 1959 als Radargast RD 23 zur Erstbesatzung der SF „Scheer". Deshalb hat er ein Modell der Schulfregatte gebaut, wie sie ganz am Anfang bei der Grundüberholung der HMS „Hart" aussah, mit markanten Geschützen an Bord.

Das Kleimeier-Modell – Die kleine Scheer

Die „kleine Scheer" hat Hermann Kleimeier sein Schiffsmodell genannt, das er in jahrelanger akribischer Arbeit im Maßstab 1:100, mit einer Länge von etwa 92 cm, gebaut hat. Auch dieses Modell zeigt die „Scheer" in ihrer allerersten Zeit, als noch die Geschütze und nicht die großen Radaranlagen ihr Aussehen bestimmten, bevor sie 1961/62 auf der Seebeckwerft in Bremerhaven umgebaut wurde. Hermann Kleimeier gehörte ab 26. Mai 1959 für ein Jahr zur Stammbesatzung. Er war Radargast RD 23 und stellvertretender Rechnungsführer.

Seine handwerklichen Fähigkeiten beim Modellbau verstand er geschickt einzusetzen, da er in Oberammergau schnitzen gelernt hatte und außerdem als Restaurator für Holzschnitzereien in Kirchen tätig war. Als Hermann Kleimeier 2004 verstarb, hat Albert Strobl das Modell in seinen Gewahrsam nach Heimertingen

genommen. Die „kleine Scheer" wurde anlässlich eines Scheertref-
fens von Bayern nach Bremerhaven transportiert und ist in der
MOS verblieben.

Das Ostgen-Modell „SF Scheer"

Karl Ostgen, der 1962/63 als Seemann SE 11 noch während des
Umbaus 1962 (für den Einbau einer modernen Operationsausrüstung,
zwischen September 1961 und November 1962) auf der Seebeckwerft in

Bremerhaven an Bord
kam, baute die Scheer
in ihrem Aussehen nur
nach alten Photos und
Erinnerungen, ohne
Bauplan,. Das ist ihm
gut gelungen!

Das Modell zeigt die
SF „Scheer", wie sie
noch ohne Kanonen
aussah. Die Geschütze
kamen erst Anfang 1963
im Marinearsenal
Wilhelmshaven an Bord.

Das Gehle-Modell

Reinhard Gehle fuhr 1963/64 als Funker FU 21 auf der „Scheer" und hat nach seiner Bordzeit dieses Modell mit allen Radarantennen und den zwei Geschützen gebaut:

Das Hümmler-Modell SF „Scheer"

Der ehemalige Elektronik-Meister FE 24 Ludwig Hümmler, der 1967 an Bord war, baute das größte der Scheer-Modelle in dem eher ungewöhnlichen Maßstab 1:85, mit ca. 108 cm Länge. In 460 Arbeitsstunden und mit 1,5 kg Blei im Kielraum war das 10 kg wiegende Modell fertig zur Probefahrt. Diese „Werftprobefahrt" mit dem Titel „Sie fährt wieder!" lässt sich auf einem Video bei Youtube anschauen, unter:

www.youtube.com/watch?v=_2MnQ06DCLI

Als Elo-Meister hat Hümmler gekonnt eine 7-kanalige Fernsteuerung gebaut, mit getrennten Kanälen für die Motoren, Rudermaschine, Geschütze, Positionslaternen und Scheinwerfer – und die Antennen der Radargeräte lassen sich auch bewegen.

Ludwig Hümmler mit dem Scheermodell im Rohbau

Das Sass-Modell

Heinz-Werner Sass war 1966/67 als Seemann SE 11 an Bord und hat ein Modell im weit verbreiteten Maßstab 1:100, mit einer Länge von rund 92 cm, gebaut. Hier werden mehrere seiner Bauab-schnitte dargestellt:

Der
Rumpf
auf der
Werkbank

Noch ohne Aufbauten – Blick in die Eingeweide

Noch hoch und trocken, aber klar zur Probefahrt

Werftprobefahrt – Das Modell in seinem Element

Das Modell des Passat-Verlages

In Eckernförde wurde 1992 der Passat-Verlag gegründet, der Modellbaubögen der Extra-Klasse (www.passat-verlag.de) anbietet. Darunter wird auch ein Kartonmodell der Schulfregatte „Scheer" im Maßstab 1 : 250 aufgeführt, als PDF-Datei zum selber Drucken. Der Verlag hatte sich bei Heinz-Werner Sass gemeldet, um Baupläne zu bekommen und hat von ihm erhalten, was ihm für einen Modellbaubogen wichtig erschien. Zusätzlich hat sich der

Verlag der Photos in der Homepage der Bordkameradschaft bedient. Das Modell des Verlages zeigt die „Scheer" nach ihrem Umbau 1962. Inzwischen hat der Passat-Verlag auch noch ein weiteres Modell der „Black Swan"-Klasse im Angebot, nämlich die Artillerie-Schulfregatte F 213 „Scharnhorst".

Übergabe des Modells der „Kleinen Scheer" durch OBtsm Albert Strobl im April 2010 an den Kommandeur der MOS, Kpt zS Kiehnle. In der Mitte die Schiffsglocke.

Wappen der
Marineoperationsschule

Einige Schiffsdaten der Schulfregatte „Scheer"

Gebaut 1942/43 bei A. Stephens & Sons in Govan (Glasgow)
Baunummer 595.

Schiffstyp : Sloop der modifizierten Black-Swan-Klasse

Auf Kiel gelegt 27.03.1942, vom Stapel 07.07.1943

Länge über alles   91,34 m; Breite   12,2 m; Tiefgang 2,86 m max.

Verdrängung   1.925 ts;

Besatzung   180 Mann

Maschinenanlage :   3 Wasserrohr-Kessel für
                         2 Parsons Antriebsturbinen mit 4.300 PS auf
                         2 Wellen für 20 kn maximal

Indienststellung Bundesmarine am 21. Mai 1959 als
SF „Scheer", F 216, Rufzeichen DBUZ

Umbau vom September 1961 bis November 1962 auf der Seebeckwerft in Bremerhaven: Ausrüstung mit Radaranlagen, die für
Neubauten der Bundesmarine vorgesehen waren, mit: 3- und 10
cm-Navigationsradargeräten, 25 cm-Seeraumüberwachungsradar
und einem Höhenfinderradar (Height Finder)

Bewaffnung: 2 × 2 Bofors-40-mm-L/70-Geschütze in Doppellafet-
ten, vorn und achtern

Außer Dienst 12.12.1967, danach abgewrackt in Hamburg.

Dankadresse

Zunächst sei allen Autoren gedankt, die einen Beitrag, sei es einen Text, seien es Photos – oder beides – für die Homepage der Bordkameradschaft SF „Scheer" und damit für diese Schrift geleistet haben. Das Spektrum der Autoren ist breit und reicht vom Stoker und E-Mixer unter Deck, über den Smarting, den Seemann an Deck bis zu den Wachoffizieren und Kommandanten im Brückenhaus. Eine ganze Reihe der Kameraden weilt nicht mehr unter uns und so ist diese Schrift auch ein Gedenken an sie, eine Erinnerung an ihren Dienst in der Bundesmarine.

Großer Dank gebührt darüber hinaus Heinz-Werner Sass, der in jahrelanger, teilweise mühseliger Arbeit die Informationen aus der Bordkameradschaft zusammengetragen hat und daraus als Webmaster eine sehr ansehnliche Homepage ins Internet gestellt hat. Nicht vergessen sei auch der Beitrag von Oswald Jungdäubl, der die Chronik der „Scheer" aufgetrieben und abphotographiert hat, sodass sie in der Homepage veröffentlicht werden konnte. So können wir auf eine Bordkameradschaft zurückblicken, die von 1958 bis heute, über 66 Jahre hin gehalten hat – ein nicht alltägliches Ereignis.

Harald Pinl

Quellen und Medien

Becker, Duncker, Eberlein u.a.: Illustrierte Geschichte der deutschen Revolution (IGddR). Berlin : Internationaler Arbeiterverlag, 1929 [ND Frankfurt a.M. : Neue Kritik, 1970]

DMB (Hg.): Leinen los! – Magazin des Deutschen Marinebundes, 6/2021. Meckenheim : Creativ.Consulting, 2021

Fischer, Fritz: Griff nach der Weltmacht. Düsseldorf : Droste, 1961

Kinau, Johann Wilhelm: Gorch Fock, Sämtliche Werke, Vlg. Glogau Jun., 1916

Hansen, Hans-Peter: Beiträge zur Scheerchronik. E-Mails an H.P. 2021-2024

Hubatsch, Walther: „Weserübung" - die deutsche Besetzung von Dänemark und Norwegen 1940, nach amtlichen Unterlagen zusammengestellt. Göttingen : Musterschmidt, 1952

IgddR – Illustrierte Geschichte der deutschen Revolution: siehe Becker, Dunker, Eberlein u.a.

IZM – Informationszentrum Marine: siehe PIZ

Johanneson, Rolf: Offizier in kritischer Zeit. Herford, Bonn : Mittler, 1989

Jungdäubl, Oswald; Pinl, Harald: Chronik der Schulfregatte „Scheer". Norderstedt : BoD, 2021

Koerner, Peter (Hg.): Der Erste Weltkrieg 1914-1918 in Wort und Bild. Bd. IV: Der Krieg zur See. München : Heyne, 1969 (Heyne Dokumentation; 4)

Liedtke, Peter: Marinebordhunde. In URL: www.bordhunde.com/Bordhunde10-Scheer(Malo+Pushkin)

PIZ – Presse- und Informationszentrum Marine, Pressemitteilung vom 01.10.2021

Rauh, Manfred: Die Britisch-russische Marinekonvention von 1914. In: Militärgeschichtliche Mitteilungen 1/1987, S. 37-62

Scheer, Reinhard: Deutschlands Hochseeflotte im Weltkrieg – Persönliche Erinnerungen. Berlin : Scherl, 1920

Schmidt, Fred: Von den Bräuchen der Seeleute. Gedanken und Erinnerungen. Hamburg : Die Brigantine, 1962

Wagner, Margit: Irland – Landschaftsbuch. München : Prestel, 1985

Winkler, Heinrich August: Der lange Weg nach Westen. Bd. 1: Deutsche Geschichte vom Ende des Alten Reiches bis zum Untergang der Weimarer Republik. München : Beck, 2000

Winkler, Heinrich August: Werte und Mächte. Eine Geschichte der westlichen Welt. München : Beck, 2019

Wörterbuch zur Deutschen Militärgeschichte (WzDMG). Berlin : Militärverlag der DDR, 1985

Personen

Orte

Abbildungsverzeichnis

148

Abkürzungen

I O	Eins O, Erster Offizier
ACBA	Allied Command Baltic Approaches
aD	außer Dienst
AK	Alle Kraft / Äußerste Kraft (voraus / zurück)
AmphSK/AS	Amphibische Streitkräfte
ASS	Aviation Support Ship
ASTO	Admiralstabsoffizier
Ausb	Ausbildung
Bhv	Bremerhaven
BMV-See	Bundesministerium für Verkehr, Abt. See
BMVg	Bundesministerium der Verteidigung
BSN	Befehlshaber Seestreitkräfte Nordsee
BÜ	Apparat zur Befehls-Übermittlung
BWB	Bundesamt für Wehrtechnik und Beschaffung

COMNAV BALTAP	Commander Allied Naval Forces Baltic Approaches
DDR	Deutsche Demokratische Republik
DHI	Deutsches Hydrographisches Institut
DM	D-Mark, Deutsche Mark
DMB	Deutscher Marinebund
dR	der Reserve
E-Mixer	Elektro-Techniker
E-Werk	Elektrizitäts-Werk
ECM	Electronic Counter Measures
F	Fregatte
F 1, 2	Fachlehrgang 1, 2
FE 24	Fernmeldeelektroniker, Fachrichtung 24
FKpt	Fregattenkapitän
FltlAdm	Flottillenadmiral
FmO	Fernmeldeoffizier
Ft-Meister	Funk-Telegraphie- / Funktechnik-Meister
FüAk	Führungsakademie der Bundeswehr
HMS	His/Her Majesty's Ship
InMFü	Inspektion Marineführungsdienst
InspM	Inspekteur Marine
IVG	Industrieanlagen-Verwaltungs-Gesellschaft
KAdm	Konter-Admiral
Kaleu	Kapitänleutnant, KptLt
Kdo Z, S	Kommando der Zerstörer, Schnellboote
Kdr	Kommandeur
KdS	Kommandeur der S-Boot-Flottille
Kdt	Kommandant

KH 14	Radargerät Kelvin Hughes
KKpt	Korvettenkapitän
KM-Boot	Küsten-Minensuch-Boot
Kpt A 6	Handelsschiffskapitän Große Fahrt (Patent A 6)
KptLt	Kapitänleutnant
Kpt zS	Kapitän zur See
LI	Leitender Ingenieur (STO)
Lt zS	Leutnant zur See
MarA	Marineamt
MarAtt	Marineattaché
MArs	Marine-Arsenal
MD 41	Fachrichtung Maschinendienst, Dampf
ME 43	Fachrichtung Maschinendienst, E-Technik
MES	Magnetischer Eigenschutz
MFü	Marineführungsdienst
MOS	Marineortungsschule / Marineoperationsschule
MOVST	Marine-Ortungs-Versuchs-Stelle
MS-Boot	Minensuchboot
MSG	Minensuchgeschwader
MSM	Marineschule Mürwik
Nav	Navigation
NAVGIS	Navigatie Gefechtsinformatie School (NL)
OGefr	Ober-Gefreiter
O-Messe	Offizier-Messe
Offz	Offizier
OLt zS	Oberleutnant zur See
OOA, OOB	Ortungs-Offizier A, B
OPZ	Operationszentrale

OTC	Officer in Tactical Command
PIZ	Presse- und Informations-Zentrum
PUO	Portepee-Unteroffizier
RD 23	Radardienst, Fachrichtung 23
S-Boot	Schnellboot
S-Geschw.	Schnellboots-Geschwader
SDM	Stamm-Dienstselle der Marine
SF	Schulfregatte
SM-Boot	Schnelles Minensuch-Boot
SMS	Seiner Majestät Schiff
SN 12	Signäler, Fachrichtung 12
SOS	Save Our Souls, Internationales Seenotsignal
SSO	Schiffs-Sicherungs-Offizier
SStA	Schiffs-Stamm-Abteilung
STO	Schiffstechnischer Offizier
TMS II	Technische Marineschule II (Bremerhaven)
UA	Unteroffiziers-Anwärter
U-Boot/Uboot	Unterwasserboot
UO	Unter-Offizier
UvD	Unteroffizier vom Dienst
V-Boot	Verkehrs-Boot
VAdm	Vizeadmiral
WO I, WO, II etc.	Wachoffizier, Eins WO, Zwei WO etc.
WzdMG	Wörterbuch zur deutschen Militärgeschichte
ZMKdo	Zentrales Marine-Kommando